suhrkamp taschenbuch 388

Hamburg, im Juni 1977 [redacted]

Robert Walser, geboren am 15. 4. 1878 in Biel, ist am 25. 12. 1956 in Herisau gestorben.
Robert Walsers *Poetenleben* ist eine Sammlung von 25 Kurzgeschichten, entlarvenden, doch mit schalkhafter Arglosigkeit vorgetragenen Episoden aus dem abenteuerlich unzeitgemäßen Alltag eines »Poeten«. Die Erstausgabe dieses nach wie vor blitzblanken, dem Rost der Historie gegenüber bemerkenswert unanfälligen Buches erschien 1917, mitten im Ersten Weltkrieg. Eine größere Provokation des damaligen »Zeitgeistes« läßt sich kaum vorstellen. Denn gerade die durchtriebene Absichtslosigkeit und kunstvolle Unscheinbarkeit dieser Schilderungen enthält eine eindringlichere, unüberhörbarere und nachhaltigere Zeitkritik als alle lautstarken Pamphlete. Auf unnachahmlich liebenswürdige Weise hält Walser seine allzu seriösen und wichtigtuerischen Zeitgenossen darin zum besten. Er selbst hat das Buch als eines seiner geglücktesten und poesiereichsten bezeichnet und es seinem Verleger listig als eine »romantische Geschichte« empfohlen.
„Wenn Dichter wie Robert Walser zu den ‚führenden Geistern' gehören würden, so gäbe es keinen Krieg. Wenn er hunderttausend Leser hätte, so wäre die Welt besser. Sie ist, sei sie wie sie wolle, gerechtfertigt dadurch, daß es Leute wie den Walser und Sachen wie sein ‚Poetenleben' gibt." *Hermann Hesse*

Robert Walser
Poetenleben

Suhrkamp

suhrkamp taschenbuch 388
Erste Auflage 1977

Lizenzausgabe mit freundlicher Genehmigung
der Kossodo-Verlag AG
Anières-Genf
und der Carl Seelig-Stiftung
Suhrkamp Taschenbuch Verlag

Druck: Nomos Verlagsgesellschaft, Baden Baden
Printed in Germany
Umschlag nach Entwürfen von
Willy Fleckhaus und Rolf Staudt

Inhalt

Wanderung

Vor manchen Jahren, so kommt mir in Sinn, unternahm ich, es war im Sommer, die erste längere Wanderung, auf welcher ich, wie mir erinnerlich ist, allerlei Merkwürdiges und Schönes sah. Meine Ausstattung bestand in einem hellen, billigen Kleid am Leib, dunkelblauen Hut auf dem Kopf und Wanderpaket in der Hand. In die Westentasche eingenäht trug ich das ersparte Geld in Form einer säuberlichen Bankanweisung mit mir in die frische, helle, weite Welt hinaus. Von einigen kecken Burschen, denen ich auf der Straße begegnete, rief mir einer spöttisch nach: »Wo will der lange Mensch mit seinem kleinen Ranzen hin?«

Er spielte auf mein armseliges, törichtes Wanderpäckchen an, das dem Träger und Eigentümer selber ein wenig lächerlich vorkam. Ohne mich indessen um die Spötteleien viel zu bekümmern, die keine sonderliche Bedeutung haben konnten, ging ich munter weiter, und indem ich so marschierte, kam es mir vor, als bewege sich die ganze runde Welt leicht mit mir fort. Alles schien mit dem Wanderer zu wandern: Wiesen, Felder, Wälder, Äcker, Berge und schließlich noch die Landstraße selber.

Mir wurde es himmlisch frei zu Mut und wohl ums Herz. Tapfer lief ich immer weiter, behaglich und zugleich eilig an allerlei Leuten vorbei, die mich jungen, fröhlichen Reisenden, vagabundierenden Vaganten hin und wieder freundlich grüßten, was mich verpflichtete, ebenfalls artig zu sein. Lockt nicht eine Freundlichkeit die andere hervor?

An etwas Nasses, Nebliges, Kühles erinnere ich mich: das wird wohl der frühe Morgen gewesen sein, der mich mit Feuchtigkeit antastete; und an etwas bald darauf folgendes Heißes, Weißes und Grünes: das war die Mittagszeit mit dem Staub auf der Straße und dem trocken-blendend-hellen Sonnenlicht auf den grünen Matten.

Eine Zeitlang ging ich längs eines Flusses, dann ging es in

ein Gebirge hinein. Berge mit Schloßruinen auf den hohen Rücken traten mir entgegen. Fröhlich wechselten Abwechslung und Einförmigkeit miteinander ab, Städte, Burgen, Berge, Täler und einsame Dörfer. Tiefer ging es in die enge, dunkle, wilde, kalte Schlucht; brach aus der Felseneinsamkeit und -enge unerwartet wieder hervor, lief als Ebene davon, schimmerte und lächelte als blauer, schmukker Fluß, stand als ernster, treuherziger, grüner Wald ehrenfest und wacker da und tauchte hierauf plötzlich wieder als trotziger Berg hoch hinauf. Seltsames und Abenteuerliches hielt mit Schönem, Traulichem Schritt, und die Mittagshelligkeit verwandelte sich gegen Abend in geheimnisvolles, angenehmes, höchst erwünschtes Dunkel, die Hitze in süße, liebe Kühle.

Da und dort, wenn es Zeit war, einzukehren, übernachtete ich in alten Gasthäusern, so einmal in einer Stube, die vermöge ihrer prächtigen, ernsthaften und tiefsinnigen Geräumigkeit ganz leicht als feierliche Ratstube hätte gelten und dienen können.

Eines Morgens stand ich, soviel ich weiß, auf zarter, halber Bergeshöhe unter Eichen und schaute auf ein unter mir im schönsten, wärmsten Sonnenlichte blitzendes, im gutmütigen Sommermorgenlichte badendes und leuchtendes, allerliebstes Wald- und Bergstädtchen hinunter. O was für eine gesunde, gute Freude ist das Wandern. Nur harmlose Freuden sind wahre Freuden.

Wilde, sturmdurchbrauste Gegenden wechselten mit lieblichen und sanften ab, so auch arme, böse, wüste, vernachlässigte Häuser mit anständigen, ordentlichen und wohlhabenden, und immer unterhielt sich der fortfahrende Landfahrer und Sorte lustige, vergnügte Landstreicher, sorglos wie er sich fühlen durfte, mit aufmerksamem Betrachten all der mannigfachen Erscheinungen, die ihm vor die Augen traten, auf das beste.

Bald stand ich am frühen Morgen in der Helligkeit, im

heitern Tageslicht; bald aber auch wieder am späten Abend im blassen Geisterschein, im Dämmerlicht auf irgendeinem seltsamen, fremdartigen Hügel und hatte unter mir entweder die morgendliche Gegend oder die abendliche.

Ein bis zwei Stunden lang ging ich durch ein so einsames, sonderbares, weitabgelegenes Tal, daß ich mir im Wandern einbildete, es sei eine längstvergangene Geschichtsepoche in die Welt hereingebrochen und ich selber sei ein fahrender Geselle des Mittelalters. Heiß war's, und weit und breit nicht die kleinste menschliche Ansiedelung, nicht der geringste Hauch von Fleiß, nicht eine Spur von Bildung oder Bemühungen zu erblicken. Natureinöden haben einen wunderbaren, schreckhaften Zauber.

Gegen das Ende der Wanderung regnete es ununterbrochen, derart, daß ich willig oder unwillig, freudig oder betrübt, zufrieden oder unzufrieden, jedenfalls aber völlig durchweicht und durchnäßt am Ziel derselben anlangte.

Kleines Landstraßenerlebnis

Zu anderer Zeit und bei anderer Gelegenheit wanderte ich einmal im Winter, nämlich natürlich bloß zu Fuß, zu meinem Bruder, der sich dazumal in einer kleinen Landstadt aufhielt, wo er die Aufgabe hatte, einen Tanzsaal mit Wandmalereien zu verzieren. Trotz der kalten Jahreszeit trug ich nur einen ganz dünnen, leichten Anzug; dicke und schwere Stoffe kümmerlich und mühsam mit mir herumzuschleppen würde ich als grobe Belästigung, als überflüssiges Übel empfunden haben. Hemd und Hut vermochten vielleicht einigen leisen und zarten Zweifel zu erregen; beides besaß etwas Leichtes, Luftiges und Lumpiges, und was die Miene betrifft, die ich mit mir trug, so gestehe ich gerne, daß ich noch auf keiner Fußwanderung ein anderes als keckes und sorgloses Gesicht zur Schau getragen habe.

Die Straße war nicht sonderlich sauber. Dieser Umstand oder Übelstand hinderte mich jedoch in keiner Weise, sie zu preisen, nämlich die Landstraße und den Fußgänger glücklich zu schätzen, der wohlgemut auf ihr marschierte, nämlich mich selber.

Einem scharfsichtigen, vorsichtigen Landjäger, der mir in einer Ortschaft begegnete, gefiel ich jedoch bedauernswerterweise weniger gut und machte ich unglücklichermaßen, d. h. leider Gottes keinen so vorzüglichen Eindruck wie mir selber. Die überraschende Wanderburschenerscheinung schien ihn zu verblüffen und nötigte oder veranlaßte ihn, mich anzuhalten und mich zu bitten, ihm gütig zu folgen. In eine Art löbliches obrigkeitliches Gemach oder Zimmer brachte er mich, wo ich seinem Vorgesetzten, einem anscheinend eher grimmigen als gütigen und doch auch scheinbar wieder eher freundlichen als gefährlichen und weit eher gutmütigen als entsetzlichen Menschen, als mutmaßlicher anmutlicher Tunichtgut vorgestellt wurde.

Mit finsterer Stimme forderte man mich auf, mich gefälligst zu setzen, worauf man begann, mich zu fragen, was ich zu Fuß im offenen Land herumzulaufen habe.

»Ich scheine bei Ihnen in keinem günstigen Licht zu stehen«, sagte ich; und man fand den Mut, mir zu entgegnen: »Nicht im mindesten.«

»Sie befinden sich aber sehr wahrscheinlich in einem Irrtum«, wagte ich hinzuwerfen, »wenn Sie glauben, daß Sie es in mir mit einem alltäglichen Vagabunden zu tun haben könnten. Ich möchte mir erlauben, Ihnen zu raten, mich mit etwas größerer Genauigkeit anschauen zu wollen. Sie gelangen dann vielleicht zu der für uns beide sicherlich überaus angenehmen Empfindung, daß ich ebenso leicht, wenn nicht leichter, ein honetter und ehrlicher Mensch als verwegen und ein Gauner sein kann. Ich bin überzeugt, daß ich entschieden nicht bin, wofür Sie vielleicht sich verpflichtet fühlen möchten mich zu halten. Ganz ebenso gut wie irgendein anderer hätte ich mit der Eisenbahn reisen können. Da ich aber ein lebhafter Freund tagelangen, meilenweiten Herumschlenderns und Marschierens bin, so habe ich vorgezogen, zu Fuß zu gehen, was doch wohl nicht gut als Sünde betrachtet und mithin wohl auch nicht ohne weiteres verdächtig gemacht werden kann. Erscheinen Freude am Wandern und was damit aufs schönste verknüpft ist: Liebe zur Natur Ihnen etwa verdächtig? Bitte erklären Sie sich freundlich.«

»Sie kommen uns etwa verdächtig genug vor, mein Herr«, hieß es unverfroren; aber nach Verlauf einer halben Stunde, die mit emsigem Forschen in allerhand Akten und Papieren und fleißigem Einziehen von Erkundigungen redlich ausgefüllt wurde, ließ man mich ziehen, indem man mir sagte: »Sie können gehen.«

Das war hochwillkommener, niedlicher, artiger Bescheid. Ich machte von gnädiger Erlaubnis ohne Zögern Gebrauch und zog fort, und so konnte ich denn eine gewagte, schwierige, deswegen aber nicht minder hübsche, schöne, günstige, heitere Wanderung fortsetzen und beendigen und langte noch frühzeitig genug in der kleinen Landstadt an, damit alles bestens klappe und passe, und in der Tat saßen die Brüder zu guter Stunde fröhlich dann am Nachteßtisch beisammen.

Brief eines Malers an einen Dichter

Vernimm, lieber Dichter, daß ich letzten Sonntag in der Wohnung eines Menschen war, der den unglücklichen, unstatthaften Einfall hatte, nicht zu Hause zu sein. Ich saß eine Stunde lang in deinem Zimmer, las einige Seiten in dem Buch, das auf dem Tisch lag, und plauderte statt mit dem Einwohner des Zimmers mit dessen leeren Wänden. Die Unterhaltung war reizend. Nachdem ich vergeblich gewartet hatte, daß du doch noch kommen würdest, ging ich davon, indem ich hundert und mehr herzliche Grüße zurückließ, wobei ich unendlich bedauerte, dich nicht getroffen zu haben, wo doch wir zwei uns sicher unaussprechlich viel zu sagen, zu erzählen und mitzuteilen gehabt hätten. Wie hatte ich mich voreilig darauf gefreut, gemeinsam mit dir auf Birnenraub zu gehen, was ein Unternehmen ist, das, wenn es ein einzelner ausführt, gar keinen Reiz besitzt, dagegen zu zweien ein Hauptspaß sein kann.

Wo um Gottes willen stecktest du? Ich würde dir lang und breit die kühne, verwegene Alpenwanderung beschrieben haben, die ich vergangene Woche unternahm, die mich über Pässe von unerhörter Höhe führte, wie es einst bei Suwarow ungefähr der Fall war, an den ich dachte, als ich, rings von Schnee- und Eisfeldern umgeben, vor Hunger und Erschöpfung beinahe umkam. Solches und Ähnliches würdest du mündlich vernommen haben, wenn du fein und artig hättest zu Hause sitzen wollen; so mußt du nun mit der schriftlichen Erwähnung vorliebnehmen, die ja manchmal ein wenig mager ausfällt. Wie geht es dir? Wenn du einige neue Gedichte geschrieben hast, so weißt du, wer es ist, der dich bittet, sie ihm zu schicken, damit er sie lesen und sich an ihrem Inhalt erfrischen kann.

Gegenwärtig, mein Allerbester, wohne und stationiere ich in einem ebenso altertümlichen wie freundlichen Städtchen, das noch fast alle seine alten Stadtmauern und Türme aufrechtstehen hat und das in der schönsten, anmutigsten Gegend liegt, die eine gesunde, lebhafte Einbildungskraft sich vorzustellen vermag. Das Land ringsherum ist so schön, so grün, so einladend und einnehmend, so lieblich und in seiner weichen Lieblichkeit so bezaubernd, daß man sagen zu können scheint, es eigne sich wie für den Empfang einer Prinzessin. Ich versichere dir, daß ich entzückt bin und daß ich wünschen würde, ich könnte dir dieses tiefe natürliche Entzücken, diese ebenso große wie aufrichtige Freude in

Sätzen und Worten einigermaßen richtig schildern. Was den Zweck betrifft, der mich hierher führte, so laß dir sagen, daß ich vor der Aufgabe stehe, einen Saal auszumalen, einem Auftrag, den ich, wie ich hoffe, mit einer gewissen Leichtigkeit erledigen werde, wobei ich mir mit Vergnügen einbilden will, daß die Bezahlung eher schwer als leicht wiegen soll. Ich bewohne ein dunkelgetäfeltes, nettes Zimmer in der Vorstadt, dessen Fenster eine Aussicht gewährt, die so reizend ist, daß ich mir nicht habe nehmen lassen, sie zu zeichnen. Komm doch recht bald einmal zu Fuß zu mir, und dann wirst du zu sehen bekommen, wie ich hier eingerichtet bin. Mit dem denkbar artigsten Empfang darfst du rechnen, und auf eine Fülle oder Überfülle von landschaftlichen Schönheiten darfst du dich, weil es hier von solchen wimmelt, im voraus gefaßt machen.

Neben dem eigentlichen Malgeschäft male ich, ähnlich wie es bei dir mit dem Dichten ist oder sein mag, nach der Natur. Ich gehe an die freie Luft hinaus, schaue mich am göttlichen Antlitz der Natur recht satt, trage irgendeinen tiefen Eindruck, ein vorgenommenes Bild oder Gewebe nach Hause, um den Gedanken in der Stube auszufertigen, derart, daß mein Malen fast mehr ein Malen hinter als vor der Natur zu sein scheint. Die Natur, Bruder, ist auf so geheimnisvolle unerschöpfliche Weise groß, daß man, wo man sie genießt, auch bereits schon unter ihr leidet; aber es fällt mir ein, mich glauben zu machen, daß es ja auf der Welt vielleicht überhaupt kein Glück ohne Beimischungen von Schmerz gibt, womit ich dir und mir selber recht eigentlich ganz einfach nur sagen will, daß ich stark kämpfe. In die Farben, die in all der umherverbreiteten Natur sind, mischen sich Melodien. Nun treten auch unsere Gedanken noch hinzu. Ferner bitte ich dich, bedenken zu wollen, daß sich alles immer ändert, die Tageszeiten, Morgen, Mittag und Abend, daß die Luft an und für sich schon etwas sehr Eigentümliches, Seltsames, Schwimmendes ist, das alle Erscheinungen umschwimmt, allem Gegenständlichen vielerlei befremdende Gesichter gibt, die Formen verwandelt, verzaubert. Stelle dir nun Pinsel und Palette, die ganze Langsamkeit des Handwerkzeuges, des handwerklichen Betriebes lebhaft vor, womit der ungeduldig drängende Maler die tausend merkwürdigen, vagen, hin und her verstreuten Schönheiten, die dem Auge vielfach nur fluchtartig begegnen, einfangen, in ein Festes, Bleibendes bannen, zu blitzenden, aus der Bildseele mächtig aufleuchtenden, lebendigen Bildern umschaffen soll: dann wirst du den Kampf verstehen, dann begreifst du ein Zittern! Ach, daß es doch nur schon auch mit der Liebe, die wir fühlen, mit der Freude, mit dem zufriedenen, bezaubernden Gedanken, mit dem Sehnen, dem heißen gutherzigen Wunsch oder mit dem bloßen reinen, glücklichen Schauen getan wäre.

Laß dich umarmen und lebe wohl. Eines ist sicher: wir beide, du Dichter wohl nicht weniger wie ich Maler, brauchen Geduld, Mut, Kraft und Ausdauer. Lebe etliche zwanzig- bis dreißigmal wohl, habe kein Zahnweh, sei stets bei einigem Geld und schreibe mir einen so langen Brief, daß ich eine ganze Nacht lang daran zu lesen habe.

Widmann

Wie mir in Erinnerung geblieben ist, lief ich eines Morgens, im Monat März, von Thun weg, wo ich in Stellung war, nach Bern, um zu Widmann zu gehen. Mit zwanzig Jahren pflegt man noch ziemlich überspannt zu sein. Demgemäß trug ich einen liederlichen hellgelben Hochsommeranzug, leichte Tanzschuhe, absichtlich wüsten, kühnen, dummen Hut, und von ordentlichem Kragen war ganz gewiß keine Spur an mir.

Der Tag war wild und kalt; düstere Wolken bedeckten den Himmel; aber die Landstraße wenigstens war sehr sauber.

Von Dorf zu Dorf ging es mit eiligen, elastischen Schritten. Weil es Sonntag früh war, so gab es fast keinen Verkehr auf der Straße. In kalten stechenden Tropfen fing es an zu regnen, da man jedoch mit zwanzig Jahren noch in keinerlei Weise empfindlich ist, so gab ich auf die Unfreundlichkeit des Wetters herzlich wenig acht. Die Welt sah dunkel, bös und hart aus, doch ich bin nie der Meinung gewesen, daß etwas Rauhes ganz und gar keine besondere Schönheit besitze.

In einem stillen Tannenwald glaubte ich mit hartem, strengem Laufen ein wenig innehalten zu dürfen. Hoch oben in den Ästen brauste der Wind. Das war für den jugendlichen Wanderer und anlaufenden Literaten Musik. Ich zog Bleistift und Notizbuch aus der Tasche und schrieb stehend und auf das Theater der Natur horchend einige gute oder schlechte, glückliche und gelungene oder verunglückte und verfehlte Verse. Alsdann lief ich keck und fröhlich weiter.

Das Land war gelb, braun und grau; hie und da wies es Stellen von feierlicher, ernsthafter, dunkelgrüner Pracht auf. Einiger alter Landhäuser oder Schlösser vornehme, imposante Schönheit wurde gern bewundert.

Gegen Mittag stand ich vor Widmanns Haus und klingelte am Gartentor zart an, worauf ein Mädchen herab- und herbeigesprungen kam, um dem Ankömmling und Anfängling zu öffnen. Wer ich sei?

»Wer anders kann ich sein als derselbe, der vor einiger Zeit Herrn Widmann seine poetischen Erstlinge einsandte, von denen er sieben oder acht Stücke in seinem wohlbekannten Sonntagsblatt abzudrucken die große und hohe Güte hatte!«

So oder ähnlich hatte ich den Mut oder Übermut zu sprechen. Das hübsche, muntere Mädchen entfernte sich, um mich anzumelden. Bald darauf stand ich vor Widmann, der mich mit freundlicher Stimme und mit den Worten: »Ah, das ist ja der junge Poet!« willkommen hieß.

Ich versuchte etwas wie eine Verbeugung zu machen. Im Verbeugungen machen und ähnlichen artigen Dingen war ich damals noch überaus ungeübt und außerordentlich unerfahren; jeder Art Höflichkeit gegenüber war ich noch ein ahnungsloses Kind. Wie mußte außerdem den kleinen und geringen Menschen der Anblick des großen und bedeutenden einschüchtern. Indessen flößte mir seine edle Lebhaftigkeit sogleich das größte Vertrauen ein. Von Menschen, die zu bezaubern imstande sind, gehen Ermunterung und Ermutigung aus. Ich faßte mich, und in der Beruhigung, die ich fühlte, fand ich allerlei Worte, deren Keckheit und Jugendlichkeit freundlich anzuhören und zu billigen er Güte und Großherzigkeit genug besaß. Was ich vorbrachte, schien ihn sogar zu interessieren.

Von Zeit zu Zeit musterte er begreiflicherweise ein wenig mein sehr eigentümliches, dreistes, wohl fast schon etwas zu originelles Äußeres, den Auf- und Anzug, das kecke, freche Kostüm, die rebellische, Modevorschriften in jeder Hinsicht verletzende töricht-eigensinnige Gewandung. Er tat das jedoch in aller Gelassenheit und Freundlichkeit, ganz wie ein Fürst, der sich durch Kleinigkeiten in seiner Ruhe und Größe keinen Augenblick beeinträchtigen und stören läßt.

Auf dem Teppich kauerte ein Hund; das Zimmer sah wie die vornehme Behaglichkeit selber aus. Nach Verlauf ungefähr einer halben Stunde fiel mir zum Glück ein, daß der Herr vielleicht noch anderes zu tun haben könnte als mit jugendlichen Anfängern zu reden; ich fand es daher gescheiterweise für passend, aufzustehen und mich zu verabschieden.

Dornröschen

Schon zur Jugendzeit beschäftigte mich das Dornröschen. Wenn ich aufmerksam zurückdenke und mir frühe Bemühungen, Versuche wieder frisch vorstelle, so fällt mir ein, daß ich oftmals redlich bemüht war, dem holden, entzükkenden Märchenkinde mit weichen oder groben, feuchten oder trockenen, üppigen oder mageren, feinen oder harten Versen einigermaßen nahezukommen. Sein wundervoller hundertjähriger Schlaf wollte mir nie aus dem Kopf gehen. Hundertjähriger tiefer Schlummer ist gewiß keine Kleinigkeit. Laß doch einmal sehen!

Mancher kühne, beherzte, verliebte Abenteurer und Ritter mußte während dieser Zeit seine Kühnheit, Waghalsigkeit, Tapferkeit und Verliebtheit mit dem Leben bezahlen. In den Dornen kamen sie um, die Herren Glücksritter, Barone, Freiherren und Grafen, edlen Jünglinge, adeligen Abkömmlinge, die mit jugendroten und frischen Wangen, mit blühenden Lippen und blonden Locken, mit heißen, blauen Augen, feuriger Einbildungskraft, heiterer, mutiger und schöner Stirne, behenden, geschmeidigen Gliedern, Schwert in der Hand, ritterlicher Feder auf dem Hut, zu Fuß oder zu Pferd, das Jünglingsherz voll Jünglingsphantasien, durch die hellen und dunkeln Länder zogen, um ihre unbändige, stürmische Sehnsucht zu befriedigen, dem Dasein seinen Reiz, dem Leben sein Glück von der geheimnisvollen Brust wegzureißen. Mancher Liebenswürdige und Schöne, mancher Gute, Mutige und Brave mußte in der mitleidlosen Umklammerung unbarmherzigen Gestrüppes, wegen des süßen schlummernden Mädchens, von dessen Schönheit die Gegenden redeten, ersticken und frühen Tod sterben.

Einmal und so kam, heißt es in der holden, anmutigen Geschichte, aus weiter Ferne ein Königssohn daher, dem es beschieden war, hindurchzudringen. Mit verwegenem Ungestüm, wilder, unbändiger, löwengleicher Kraft, alle Gefahren als Vergnügen, Abwechslung und Kinderspiel betrachtend, mit dem Anblick des drohenden Todes, Unterganges, Verderbens tändelnd und scherzend, als handle es sich für ihn nur um eine Kahnfahrt auf heiterem See oder um ein lächelndes Ballspiel auf grüner, lieblicher Wiese, brach er sich durch die wirre Wildnis der Dornen, die neben seinem königlichen Willen, durchzubrechen, leicht zusammensanken, freie Bahn und drang in unwiderstehlicher Sturmeslust, alle Hemmnisse, Hindernisse besiegend, in den Zauberpalast, in den Dornröschenpalast hinein, stieg die Treppe empor, die in den bekannten Turm hinaufführte, wo die rätselhafte Holde schlummerte, und küßte sie, als er sie sah, und vom Kuß erwachte Dornröschen, und von da an gehörte sie ihm als Braut und Frau an und war sein; denn das Märchen zaudert und fackelt da nicht lang, und es hat auch recht, daß es nicht lange und breite Umstände macht.

Das ganze altersgraue Königsschloß erwachte, König und Königin, das Gefolge und die königliche Regierung, die Minister und geheimen Räte, die Kammerherren und Kammerdiener, die Edelleute und Hofdamen, die Pagen, Kammerzofen, Jäger, Läufer und Heiducken, der Koch und der Küchenjunge, Bediente und Mägde und die Kutscher in den herrlichen Livreen.

Ein alter, hingesunkener Traum wurde wieder lebendig, eine düstere, verdrießliche, müde Schauermär verwandelte sich in freundliches, entzückendes, lebendiges Leben. Bildung und Wissenschaft, Geselligkeit, Geschmack und die übermütigen Künste fingen wieder an sich frei zu entfalten, und das ganze umliegende Land erwachte wie aus langer, langer Trauer. Eine Welt war befreit! Im Park sangen und trällerten wieder die Vögel. Der Druck war gehoben, und die Fessel lag am Boden. Dichtung, Musik und Malerei und das Handwerk reichten sich Sinn, Geist und Hand, um das gesellige Leben am wiedererwachten königlichen Hof zu vergolden und zu verschönen. Der Himmel lachte wieder blau; majestätische Alpengipfel waren entschleiert. Der graue Vorhang hatte sich aufgelöst; finsternisverbreitende Wolken verschwanden; Bäume grünten und blühten; Handel und Wandel ergossen sich mit gefälliger Manier durch das weite, belebte Land.

Alles war in schönster Ordnung, alles war gut, glücklich und schön; aber am allerschönsten und allerglücklichsten war das hohe Hochzeitspaar, der edle Prinz und das liebe, süße, zarte Dornröschen.

Die Tante

Unter den und den Voraussetzungen und Umständen lief ich eines frühen Morgens im Herbst aus dem Städtchen, wo ich bestens in Stellung gewesen war, munter fort. Zweierlei Dinge sind mir dabei lebhaft in Erinnerung geblieben: das prächtige Wetter und die Säuberlichkeit der Landstraße. Mein Anzug bestand in einer jägergrünen Hose und einem blauen und weißen Kittel. Letzteres würde eigentlich besser für den Sommer gepaßt haben; ich habe es jedoch in solchen kleinen Sachen nie genau genommen. Wandern, was bist du für eine helle, lichtblaue Freude!

Ich sprang fast mehr, als daß ich ging; mein Gehen war mehr ein Davonschweben als ein regelrechtes, festes, schwerfälliges Marschieren. Allerlei Landleute begegneten mir auf der schönen Straße, Bauern und Bäuerinnen. In die fröhliche Straße war ich förmlich verliebt. Echt bäurisches Land war es, durch das ich wanderte, Bergland und wieder Wiesenland, und nah am warmen Weg standen die allernettesten, allerfreundlichsten, allerzierlichsten Häuser, derart, daß ich mich ganz behaglich von ihnen anlachen und anheimeln lassen konnte. Über die Felder, Hügel, Äcker und Wälder lächelte, tanzte und blendete die schönste Morgensonne. Ich kam nach und nach in die Berge hinein, und bald gelangte ich in ein einsam gelegenes, ringsherum von hohen, schroffen Felsen umschlossenes Dorf; es war das Geburtsdorf meiner Mutter. Fremdartig und zugleich auch vertraut und verwandt mutete mich die Ortschaft an. Die ganze Welt und ich selber kamen mir wunderbar alt und jung vor; Erde und Erdenleben wurden mir urplötzlich zum Traum, und es war mir, als sei mir alles ganz leicht verständlich und zugleich wieder völlig unerklärlich.

Schüchtern, weil ich auf gewisse Weise verblüfft, verzagt und verdutzt, oder wer weiß, vielleicht sogar von irgendwelchen Bergzauberern verzaubert war, trat ich ins stolze, ehrsame Gasthaus, ließ mir etwas Weniges zu essen und zu trinken geben und erkundigte mich bei der Wirtin mit unsicherer Stimme nach den Vorfahren meiner Mutter. Die Wirtin schaute mich kalt, groß und gleichgültig an, schüttelte den Kopf, schien über mich und meine Empfindsamkeit einigermaßen verwundert zu sein und sagte mir, daß sie mir nichts zu sagen vermöge. Es sei ihr leid, und dabei tat die Frau weiß Gott wie stolz und fremd und zugeknöpft. »Warte du nur!« dachte ich bei mir, tat nun meinerseits ebenso fremd, fragte grob und barsch, wieviel ich zu berappen oder zu bezahlen habe, zahlte und legte her, was ich etwa schuldig sein mochte, und ging auf und davon.

Wunderschön erschien mir das Land. Der Gedanke, daß meine liebe Mutter hier ihre Jugendzeit verbracht habe, hier zur Welt gekommen sei, ergriff mich tief; da trat mir auf der Straße von links oder von rechts oder von ich weiß nicht woher ein Landjäger entgegen, und mit einem forschenden Blick auf meine eben preisgegebene und beschriebene Ausstaffierung von phantastischem Grün, reizendem Weiß und hoffnungsfreudigem Blau bat er mich still, ihm meine Heimatpapiere vorzuweisen. Er bekam sie zu sehen, und leise durften wir beide uns hoffentlich hübsch sachte wieder voneinander trennen, eine Übereinkunft, die beiden wahrscheinlich gleich lieb und angenehm war.

Bald darauf, da es leise und vorsichtig Abend zu werden begann, trugen mich meine Schritte durch ein so stattliches, behäbiges, behaglich-wohlhabendes Dorf, wie ich in meinem Leben noch keins gesehen und betreten hatte. Was für breite, hochachtbare Häuser, was für schöne, große Ställe, Gärten, was für prächtige, respektherausfordernde Wirtschaften waren das! Aus einem Garten heraus grüßte mich eine nette, hübsche Frau; ich hätte ein Grobian sein müssen, wenn ich sie nicht wiedergegrüßt und -beehrt haben würde. Zum Glück entpuppte ich mich aber nicht als Grobian und Flegel, sondern als Mensch von Sitte, etlicher Manierlichkeit und einiger guter Erziehung.

Wie schön, wie zutraulich war es nun im dunkleren und dunkleren Abendland geworden. Grüne, gute Matten schlichen zart und fein und freundschaftlich vor mir hin; Gedanken allerlei Art schlichen wie schmeichlerische Kätzchen dicht hinter mir her. Mancher von diesen Gedanken machte mich unverhofft leise oder laut lachen. Angenehme Hoffnungen, reizende, frohe Aussichten, liebe, süße, kleine Träume begleiteten mich, sprangen mir auf goldenen, leisen Füßen zierlich nach, machten mich reich, leicht, sorglos und zuversichtlich. Und wie war die abendliche Straße so herbstfeucht und weich. Schon legte einiger weißlicher Nebel sich in Streifen und Geisterlinien über die benachbarten Wiesen, die zu schweben schienen, und aus den Fenstern der stillen Häuser strahlten da und dort bereits die Lampen. Dunkle Menschengestalten! und alles rund herum so tief, so uralt schön, so still, so schwarz und lautlos.

Ich trat ins nächste Gasthaus, wo ich mir ein hübsches, gesundes, gutes, reichliches, tapferes, braves, wehrhaftes, leichtes Abendessen auftischen und auftragen ließ. Ein ähnlich wie ich fahrender und reisender Handwerksbursche verzehrte ein ähnliches Essen. Wie appetitlich und heimelig war die dunkelgetäfelte Gaststube, und wie freundlich-herablassend war die gute mitmenschliche Wirtin. Ich ließ mir ein Zimmer geben, selbstverständlich kein fürstliches, sondern nur ein ganz vernünftiges, mäßiges, zweckentsprechendes, bescheidenes, und fand dasselbe voll Äpfelgeruch und frischer Herbstluft, und köstlich schlief ich im guten Bett. Im Traum erquickte ich mich an allerhand unerhörten Kühnheiten und Schönheiten.

Am andern Morgen sah ich die Äpfel zerstreut am Boden liegen; ich brauchte nur emsig aufzulesen und mutig zuzubeißen. Göttlich schön aber war die Aussicht aus dem Fenster. Ich steckte den Wanderkopf mit unaussprechlicher Lust an die mädchen- und jünglingfrische, himmlisch reine, zarte Morgenluft hinaus und schaute und atmete voll Wonne, voll Entzücken die grüne, goldig-fröhliche Landschaft an und in mich hinein. Feiner, weißer, bläulicher Hauch lag über der Welt; Kühle und Wärme stritten miteinander. Grün und Blau und Gold, Sonnigkeit und Heimlichkeit gaben das schönste Gemälde ab; dazu war es Sonntag, und um alle weichen, grünen, märchenerzählenden Hügel herum klangen die lieben, milden, Streit, Unruh und Unzufriedenheit versöhnenden Sonntagsglocken.

Bald war ich wieder auf meiner bevorzugten und beliebten Landstraße und marschierte mit neu gewonnenen Kräften weiter. Gegen Mittag betrat ich ein Städtchen. Alles war so schön und fein herausgeputzt darin, alles glänzte, lächelte und fächelte sonntäglich, träumerisch-feierlich, derart, daß ich mir im besagten Wanderkleid fast wie ein Räuber, wie eine Art Rinaldini erschien. Stieß nicht eine hübsche junge Dame, als sie an mir vorübergehen wollte, einen leisen Schreckensschrei aus, und erwies sich das Mädchen etwa nicht als meine Cousine? Freilich!

Es gab ein Grüßen, Ausfragen, Lachen. Hierauf zog sie mich in ihr Elternhaus hinein, wo ich vor ihre Mutter, meine Tante, gestellt wurde. Dann gab es ein gutes Mittagessen. Nachmittags lernte ich neue und andere Leute mit Geschwindigkeit kennen, selbige Leute natürlich ihrerseits auch mich. Über Nacht blieb ich im Haus.

Als ich am nächsten Morgen fortlaufen und Abschied nehmen wollte, bot mir die Tante mit vieler liebreicher Freundlichkeit einen andern Anzug an, weil der meinige, wie sie ernsthaft versicherte, doch wohl nicht mehr so recht als die Spitze des Passenden und Gebräuchlichen angeschaut und betrachtet werden könne.

»Er paßt mir aber herrlich, liebe Tante«, rief und entgegnete ich voll Feuer, »und ich muß Sie bitten, mir doch um Gottes willen nicht zu zürnen, wenn ich Ihr sicherlich herzlich gut gemeintes Anerbieten ablehne. Ich nehme mir Dreistigkeiten, Unfolgsamkeiten heraus, nicht wahr; aber sehen Sie, dieser wunderliche Anzug ist ein Stück meines eigensten Wesens, und wenn er nun auch ein wenig närrisch, toll und dumm aussieht, so kann das ja ganz und gar nichts schaden. Liebe Tante, ich will von Herzen gern ein wenig abstechen und nach Wunderlichkeit aussehen. Diesen meinen scheinbar ein wenig verrückten Anzug habe ich freiwillig gewählt, und nun soll er auch ehrlich an mir hängen und haften bleiben, wenn mir aus Festigkeit und Beharrlichkeit noch so viel Widerwärtiges und Unangenehmes erwachsen mag. Ich soll mich nicht davor fürchten, Eigenart zu zeigen und Eigentümlichkeiten zu offenbaren. Wohin, in welchen traurigen Abgrund von Zweifelhaftigkeit würde mich solches bängliches, zaghaftes, wankelmütiges, schwächliches Wesen führen. Was für Schmähungen, Verleumdungen, Treulosigkeiten, durch mich selbst und an mir selbst begangen, müßten daraus entstehen. Ein Mensch habe den Mut sich zu geben und zu tragen, wie er einmal ist. Da ich einmal selber wie mein Äußeres bin, so lügt wenigstens mein Kleid nicht, und wenn irgend jemand bei meinem Anblick sich denkt, daß ich sicherlich ein merkwürdiger Geselle sei, nun, so mag er meinetwegen recht haben. Was kann mich das weiter kümmern? Besten und schönsten Dank immerhin, daß Sie mich neu haben ausstatten wollen. Ich will indes glauben und fest überzeugt sein, daß ich mich im Gewande solch hergebrachter guter Sitte einstweilen durchaus nicht wohl, sondern nur unwohl und unbehaglich fühlen würde. Vielleicht werde ich selber einmal mit den Jahren dazukommen, meinen Eigensinn wenn nicht völlig abzulegen und fortzuwerfen, so doch abzuschwächen. Ich glaube, daß einmal eine solche Zeit für mich kommt. Nun wohl, ich möchte mich nicht übereilen; denn Jugendlichkeiten sind ein Besitztum und Eigentum der Jugend. Heute bin ich noch toll. In zehn Jahren kann es vielleicht anders sein. Was aber dann? Was Gutes und Rechtes werde ich mir als Ersatz des Verlorenen und Abgestreiften alsdann angeeignet haben?«

So oder ähnlich redete ich, und indem ich der Tante für ihre Freundlichkeit mit ihrem guten Willen nochmals Dank sagte und sie um gütige Verzeihung bat, daß ich eigener Meinung zu sein, eigenes Gefühl zu haben und eigene Anschauung zu nähren wagte, nahm ich Abschied von ihr und ging voller Fröhlichkeit und voll froher Zuversicht weiter.

Die Künstler

Verfasser dieser Zeilen schrieb einmal vor Jahren eine Art Lustspiel, das leider dadurch, daß er es in tausend kleine Fetzen zerriß, den Bühnen für immer verlorengegangen ist. Unersetzlicher Verlust!

So viel ich mich noch zu entsinnen vermag, handelte es sich um folgende Geschichte:

Eine Bande, Gruppe, Rotte oder Gesellschaft von fahrenden Künstlern langte eines Abend, ich weiß nicht mehr genau um wieviel Uhr, vor einem fürstlichen oder herzoglichen Palast an, woselbst sie, obgleich dies ein wenig romantisch, abenteuerlich und unwahrscheinlich klingt, vom Herrn Herzog in höchsteigener herzoglicher Person auf das artigste, schönste, beste, freundlichste, netteste und gnädigste empfangen und aufs liebenswürdigste willkommen geheißen wurden, worüber sich die wilden, tollen Gesellen selbstverständlich nur freuten, und zwar aufrichtig und ehrlich.

»Malet, meißelt, dichtet, komponiert, singt, tanzt und spielt mir hier ganz nach Belieben und Vergnügen«, sprach der erlauchte Herr in einer edlen Anwandlung von Freimut und Freigebigkeit und mit herzoglich-herzlicher Gebärde zu den Herren Artisten, und er fuhr fort zu reden, indem er sagte: »Benehmet euch hier so ungezwungen wie möglich. Laßt es euch wohl sein, eßt mir und trinkt mir, soviel ihr wollt. Verschönt und verherrlicht mir meinen Hof mit der Anmut und der Gediegenheit eurer Künste. Seid frei innerhalb der Grenzen meines Landes und innerhalb meines Machtbereiches wie Freiherren. Küche und Keller stehen euch jederzeit zur beliebigen Verfügung. Ich möchte euch aber immerhin freundschaftlich ersuchen, einen Gebrauch, aber keinen Mißbrauch von der Freiheit, die ihr hier genießen sollt, machen zu wollen. Euer feines Anstandsgefühl und euer lebhafter Sinn für Takt sei die einzige Einschränkung, die ich euch auferlege, und euer guter Geschmack feßle euch. Ich weiß zum voraus, daß ich mit eurer Aufführung zufrieden sein werde.«

Als die Künstler den guten, leutseligen, kunstfreundlichen Herrn solche wohlwollende und huldreiche Worte reden hörten, schmunzelten sie und rieben sich vor Vergnügen sozusagen die Hände, und indem sie sich verbeugten, fühlten sie sich veranlaßt zum Herzog zu sagen:

»Machen Sie sich hinsichtlich unseres Betragens bitte recht sehr ja doch keine Sorgen; denn wir versprechen Ihnen, uns jederzeit so aufzuführen und uns so zu bewegen, wie es sich für Künstler schickt und wie es unserer Natur und unserem Wesen entspricht.«

Der Herzog lächelte und war mit einer Antwort, die doch ziemlich ironisch gefärbt war, was er wohl merkte, ganz und gar zufrieden; denn er war ein wahrhaft großer Herr, der die Kunst leidenschaftlich liebte.

Freilich rümpften vom ersten Tage an schon die Edelleute, die den herzoglichen Hof mit ihrer stolzen Gegenwart schmückten, über das Künstlerpack oder -volk die Nase. Solches sehend und ähnliches ahnend, sagte der Herr zu seinem adeligen Gefolge:

»Benehmt euch allezeit gegenüber den Künstlern artig, ich wünsche es.«

Und zu den Künstlern sagte er dasselbe, nämlich:

»Benehmt euch allezeit gegenüber meinen Edelleuten artig, ich bitte euch.«

Unter den Künstlern zeichneten sich aus und ragten besonders hervor: Pinsel, ein Maler; Bogen, ein Musiker oder Komponist; Zeile, ein Novellist; Silbe, ein überaus tiefsinniger, zarter Lyriker, und Weidlig, ein Possenreißer oder Narr.

Die Herzogin, eine edle und schöne Frau, interessierte sich lebhaft für wen? Natürlich für Silbe, der, falls wir nicht schlecht, sondern gut unterrichtet sind, Verse verfertigte und Gedichte machte, die mit ihren zarten Worten denselben Effekt hervorriefen und denselben Eindruck machten wie der Mond mit seinen Mondstrahlen. Die Herzogin überschüttete Silbe förmlich mit Gnade, derart, daß derselbe beinahe den gesunden Verstand verlor, weil er vor lauter Schweben und Schwelgen in der allersüßesten Gunst nicht mehr wußte, was links und was rechts war und wo ihm der Kopf stand. Die Welt drehte sich rund um ihn herum, und er fürchtete eine geraume Zeitlang, daß ihn das Entzücken über den nachhaltigen starken Erfolg verrückt machen könnte. Wer verliert nicht die nüchterne Be- und Gesinnung, den eine Herzogin bevorzugt? Die üppige Gnade erstickte ihn fast, und er kam fast um vor Glück. Silbes Gedichte besaßen allerdings einen so hinreißenden Schmelz, einen so schmelzenden, berückenden Glanz, daß man sich über die Tatsache, daß ihn die Herzogin zu ihrem Vorleser ernannte, durchaus nicht zu verwundern braucht.

Silbe war, wie gesagt, selig. Zeile, der Prosaist, saß in einem weitabgelegenen, aus lauter Goldfäden und Hirngespinsten gewobenen, seltsam abenteuerlichen und phantastischen Zimmer oder Geistergemach und schrieb an einer harten, kurzen, knappen, gedrungenen, zusammengedrückten heroischen Novelle, deren Stil so präzis und prägnant war, daß es wie Donnerschläge durch das Schloß schallte, eine Bemerkung, die freilich etwas kühn ist.

Bogen arbeitete und schaffte an einer Sonate, die bei weitem die Mozartischen übertreffen zu wollen schien.

Pinsel pinselte und malte an einer gewaltigen, nächtlichen Landschaft, von der er überzeugt war, daß sie sein Meisterwerk werden mußte, und Weidlig, der Narr, tanzte zur Belustigung eines zahlreich versammelten, hochvornehmen Publikums im Park herum, der in seiner Sommerüppigkeit und Herrlichkeit schön wie ein Traum und träumerisch wie eine Dichtung war.

Die Zeit stand nicht still, sondern ging unaufhaltsam ihren Gang, und mit der Zeit, die stets allerlei mehr oder weniger unvermutete Veränderungen mit sich zu bringen und führen pflegt, wurden die Künstler übermütig. Die Kunstübungen wurden vernachlässigt, der künstlerische Eifer ließ bedenklich nach; statt Kunstwerke hervorzubringen, legten die frechen Leute einen Eifer an den Tag, das Leben zu genießen und es sich verhältnismäßig wahrscheinlich nur allzu wohl sein zu lassen. Sie vergaßen fast völlig, was sie der hohen, strengen Kunst schuldig waren, und gaben sich infolge liederlicher Vergeßlichkeit und Treulosigkeit sozusagen allen möglichen materiellen Schwelgereien so gut wie gänzlich hin.

Silbe bewies einen geradezu erschreckenden Mangel an Lust, Gedichte vorzulesen und zu verfassen. In einer neckischen, schelmischen, graziösen Kammerzofe schien er plötzlich die Verwirklichung und Erfüllung aller seiner angesammelten und hochaufgestapelten Träume, Wünsche, Phantasien und Einbildungen endgültig entdeckt und gefunden zu haben, eine Verwandlung, worüber sich die arme, betrogene Herzogin, welcher ausschließlich und kontinuierlich zu huldigen Silbe in jeder Hinsicht sich verpflichtet fühlen mußte, begreiflicherweise im höchsten Grad empörte. Sie eilte zum Herzog, ihrem Herrn Gemahl, und beklagte sich über die weitgehende Unverschämtheit und auserlesene Unverfrorenheit des treulosen Silbe, dem es völlig verleidet zu sein schien, Silben abzuwägen und Reime zu drehen, in den beweglichsten und bittersten Tönen.

Zeile fand es nachgerade recht langweilig, Prosazeilen zu schreiben, Gedanken oder Gestalten aufzustellen, Geschichten zu erfinden, Erzählungen zu erzählen, und ein ödes, trockenes, steifes Geisterleben zu führen. Infolge dieses offenbar in jeder Weise begründeten Überdrusses verliebte er sich in eine Hofdame, von welcher behauptet werden kann, daß sie so schön und verführerisch war wie Mondschein in milden und bezaubernden Sommermitternächten. Bogen, der Komponist, erwies sich als ausgezeichneter Kenner und Verbraucher von feinsten Weinen. Pinsel schleuderte in einem scheinbar durchaus berechtigten Anfall von Unmut den Pinsel fort, indem er erklärte, daß er der Ruhe, der Erholung und der Zerstreuung dringend bedürfe. Die Folge dieser Kundgebung war ein augenblickliches, bedauerliches Stocken der Malerei, ein augenfälliges, betrübliches Stillstehen der Kunst und eine offenkundige, überaus glückliche Verständigung mit den auserlesensten Freuden des Daseins.

Mit Weidlig, dem Spaßmacher, gab es insofern eines Tages einen gröblichen Hofskandal, als die Herzogin in ihm ihren einstmals von Räubern geraubten, von unverantwortlichen Spitzbuben entführten, jetzt aber glücklicherweise wiedergefundenen lieben Sohn erkannte. Der abenteuerliche Vorfall verletzte manchen hohen und aufs Höchste gesteigerten Begriff von Schicklichkeit. Der gute Ton legte auf dieses beklagenswerte Ereignis hin für mindestens vierzehn Tage tiefe Trauer an, weil er sich fast krank ärgerte und grämte.

Zwischen den stolzen Edelleuten und den bekanntermaßen ebenso stolzen und frechen, wenn nicht noch stolzeren und anspruchsvolleren Künstlern kam es außerdem zu wiederholten unangenehmen Reibereien. Die Situation fing deshalb an unhaltbar zu werden.

Durch das Gefühl bewogen, das ihnen sagte, daß ihnen der Aufenthalt am Hof und im herzoglichen Schloß auf die Dauer vermutlich eher schädlich als nützlich und dienlich sei, traten die Künstler zu einer feierlichen und geheimen Beratung zusammen, wobei sie den fraglos herzhaften und schönen Entschluß faßten, dem Schlemmer- und Schlenderleben den Rücken zu kehren und wieder auf Wanderschaften zu ziehen. Sie kamen überein, ihren Willen, aufzubrechen und abzureisen, dem gnädigen Gönner und Beschützer der Grazien, nämlich dem Herzog, mitzuteilen, und das taten sie denn auch bei der nächsten Gelegenheit.

»Wir fühlen«, sagten sie zum Fürsten, »daß uns frische Luft, starke Bewegung, rauhe Umgebungen, Wind, Wetter, die kräftige Natur und Umgang mit groben, unabgeschliffenen Menschen höchlich nottun. Die Hofluft, so fein und anziehend sie auch immer sein mag, macht uns gewissermaßen krank, hemmt unsere schöpferischen Geister. Wohl sehen wir zur Genüge ein, daß wir undankbar erscheinen müssen. Nichtsdestoweniger bitten wir um gütige Verabschiedung und Entlassung; wir sind bereits reisefertig.«

Der Herzog war erstaunt und betroffen und rief mit bedauerlicher Miene und Stimme aus: »Ist es möglich? Wollt ihr wirklich abreisen?«

Er schaute die reisefertigen Leute eine Weile fast ungehalten, jedenfalls sehr verwundert, vielleicht sogar ein wenig verdrießlich an. Bald jedoch hatte er sich von der Bestürzung erholt, und indem er auf eine artige und gewinnende Art lächelte, schwang er sich zu folgenden freundlichen, gütigen Worten auf und hielt folgende gehaltvolle und holde Abschiedsrede:

»Liebe, treffliche Künstler. So sei es denn, wie ihr wünscht, und so zieht denn in Gottesnamen hin, wohin euch der Geist treibt. Gerne möchte ich euch freilich sagen: Bleibt doch noch eine Zeitlang! Aber da ich euch entschlossen sehe, wegzugehen, weil eure eigentümliche Natur euch weiterdrängt, so darf ich euch nicht binden, sondern muß euch entbehren, indem ich euch erlauben muß, mich zu verlassen. Aber schön ist es nicht von euch, daß ihr mich verläßt, wo ihr doch genau wißt oder wissen solltet, wie viel Anteil ich an euerm Wesen und Treiben nehme und stets genommen habe. Undankbare!

Doch ich will euch nicht schelten; denn das wäre unfreundlich. Einen gewissen Schmerz vermag ich in diesem Augenblick nicht gänzlich zu unterdrücken, und ungern genug sehe ich euch scheiden und weiterwandern. Meldet euch bei meinem Finanzminister und sorget, daß er euch für eure hohen Verdienste und vorzüglichen Leistungen redlich ausbezahle.

So verläßt mich also jetzt die holde Malerei. Die edle Dichtkunst läßt mich im Stich. Gesang und Musik, reizende, erfinderische Göttinnen, haben es darauf abgesehen, die Flucht vor mir zu ergreifen. Das tut mir aufrichtig weh, und ich werde mich lebhaft nach euch sehnen, sobald ihr fort seid. Mein Palast wird ohne euch öde, traurig und trocken sein; ich muß mich hierauf gefaßt machen.

Zürnen sollte ich euch! Wankelmütig, launenhaft und trügerisch sollte ich euch nennen; aber es liegt vielleicht in eurem wilden, allzu lebhaften Wesen beschlossen, daß ihr Ruhe, Glück, Bestand und Behagen schwerlich oder überhaupt nicht zu genießen versteht: Eben erst auf ruhigem und schönem Boden festen Fuß gefaßt, jagt es euch auch schon wieder in die Ferne. Sicherheiten scheinen für euch keine Sicherheiten zu sein; vom Gemessenen umgeben, dürstet ihr auch schon wieder nach dem Duft, Geruch, Genuß des Schrankenlosen und Ungemessenen.

Kinder seid ihr! Somit hat es keinen Sinn, euch böse zu sein, und es wäre geschmacklos, Anhänglichkeit und Dankbarkeit von euch zu verlangen. Lebt wohl!

Als ihr hier anlangtet, freute ich mich. Aber eure so unvermutete Kündigung freut mich nicht, und eure rasche Abreise muß mich verstimmen. Eure tollen Streiche haben mich oft herzlich lachen gemacht, und eure Übungen haben mir die lange Zeit vertrieben.

Warum habt ihr Künstler nirgends rechte Ruhe und bleibenden häuslichen Aufenthalt? Ich beklage das, werde mich aber immerhin zu fassen haben. Seid ihr vielleicht die deutlichen Wahrzeichen der ruhelosen, unruhreichen, armen, hin und her von einem Verlangen in das andere geworfenen, niemals zu befriedigenden, ewig ungesättigten, unglücklichen Menschheit überhaupt?

Lebt nochmals wohl. Laßt mich von Zeit zu Zeit vernehmen, wie es euch geht und kommt bei guter Gelegenheit einmal wieder.«

Würzburg

Um die und die Zeit, d. h. vor etlichen Jahren, reiste ich, wie ich glaube, eines schönen Tages im Sommer zu Fuß von München nach Würzburg. Ein flinker, dummer, unerfahrener, junger Mensch flog da nur so dahin, nämlich ich selber. Das Wetter war heiß und prächtig. Der Anblick der Welt war eine Art Gemisch von Blau, Gelb und Grün. Blau war der hohe, helle, weite Himmel; grün waren die Wälder, durch die ich lief, oder an denen ich vorbeihuschte, und gelb die weitausgedehnten, üppigen Kornfelder zu beiden Seiten der breiten Landstraße. Eine andere schöne, vielbedeutende Farbe war Weiß; denn es flogen mit dem eiligen

Wanderer und emsig laufenden Landsknecht, allerdings nicht auf harter Erde, sondern hoch oben in der Luft, weiße Sommerwolken wie große, gewaltige Schiffe im blauen Meere. Da ich die Gewohnheit hatte, jahraus, jahrein knapp bei Geld zu sein, so drückte mich das Barvermögen, das ich mit mir trug, auf keine Weise. An den Füßen trug ich eine Art Turnerschuhe aus Segeltuch, daher marschierte ich leicht wie der Wind und ungebunden wie der freie Gedanke durch die Gegenden dahin. Mir kam es vor, als wolle mich ein Wind fortfegen und wegjagen, so rasch lief ich davon.

In München hatte ich einige literarische Persönlichkeiten von Rang und Belang bestens kennengelernt; aber ich hatte seltsame, drückende Empfindungen bei den künstlerischen und literarischen Assembleen, für die ich nicht recht taugte. Das Nähere und Genauere weiß ich nicht mehr genau; nur so viel weiß ich: mich trieb es aus allen Salons, wo Feinheiten und Exküsen herrschen, fort in die offene Welt, wo Wind, Wetter, grobe Worte, unsanfte barsche Manieren und alle Rücksichtslosigkeiten und Rauheiten regieren. Jung und ungeduldig, wie ich war, vermochte ich die Luft der vornehmen Abgeklärtheit nicht zu ertragen. All das tadellose, schnurgerade, tipptoppe, elegante Benehmen flößte mir hauptsächlich nur Kummer und eine Sorte Furcht ein. Allmächtiger, guter, großer Gott, wie ist Wandern im Sommer auf deiner heißen, weiten, stillen Erde schön: mit damit aufs schönste verknüpftem ehrlichem Durst und Hunger. Alles so still und hell, und die Welt so weit.

Der Wanderanzug, den ich trug, hatte gewissermaßen süditalienisches Aussehen. Es war eine Sorte oder Espesse Anzug, mit dem ich mich in Neapel zu meinem Vorteil hätte. sehen lassen können. Im wohldurchdachten, wohlabgemessenen Deutschland schien er jedoch mehr Argwohn als Vertrauen und mehr Ab- als Zuneigung zu erwecken. Wie war ich mit dreiundzwanzig Jahren keck und phantastisch.

Ich will mit kühn und wenn möglich genial skizzierendem Bleistift und einigen leichten, zwanglosen, flotten Farbenanwürfen über die Wanderung rasch wegfahren.

Mein Gedächtnis hat treu aufbewahrt: eine im heißen Sonnenlichte stehende Gruppe von mächtigen Landwirtschaftsgebäuden, einen Trupp oder fröhliche Gesellschaft von fahrenden und daherstreichenden Handwerksburschen, einen grünen, scharfbewaffneten, im übrigen aber höflichen und menschenfreundlichen Landjäger, der meine Reisepässe und Ausweispapiere visitierte und musterte, Haufen von Meilen- oder Kilometersteinen, ein gastliches Wirts- oder einladendes, wirtliches Gasthaus, wo ich im Freien, unter dichtem behaglichem Gartengrün ein hellbraunes, reizendes, entzückendes Wienerschnitzel verzehrte, weite Striche grünen ebenen Landes, ein zerlumptes, verlottertes, verkrachtes, verbogenes, verödetes, einsames Gehöft oder Haus mit höchst malerischer, poetischer Lumpen-Unordnung davor, überflüssig viel Mittaghitze, ein Akazienwäldchen in der Nähe einer Landstadt, die Verlassenheit und Entlegenheit derselben, ein stolzes Schloß, Landgut, Gutshof oder gebieterischer Rittersitz in blendend heller, glitzernd heißer Landschaft, eine ganz sonderbare tolle, merkwürdige, seltsame alte Stadt im Geschmack des siebzehnten Jahrhunderts, durch deren enge, stille, verträumte, fabelhafte Gassen, die in rührend schönem Sommerabend-Goldlicht schwammen, ich wie durch einen Traum, wie durch das wehmutvolle Exempel übriggebliebenen, ehemaligen, kräftigen Blütezustandes selber, wie durch einen Beweis des Unglaubwürdigen, leise marschierte; Einkehren in verschiedene höhlenartige, dumpfe Wirtsstuben, wo dunkles, dickes Bier verabfolgt wurde, aus Löchern und Trinkhallen wieder hinaus auf die Straße treten, einen trägen, schwärzlichen Fluß und später wieder eine Stadt, nebst diversem sonstigem und anderem.

Würzburg ist eine überaus sehenswürdige Stadt. Das erste,

was ich tat, als ich endlich, nach mancherlei tapfer überstandenen und erduldeten Mühseligkeiten dort ankam, war, daß ich zu einem Friseur eintrat, um mich gehörig rasieren zu lassen; denn ich fühlte und ahnte lebhaft, daß ich nachgerade einige Ursache haben könnte, mir etwelche Eleganz anzueignen. Zweitens kaufte ich mir in einem vornehmen Schuhgeschäft ein Paar neue feine Stiefel, da die, die ich anhatte, höchstens noch tauglich zu sein schienen, Mißtrauen, Verachtung und Verdacht zu erregen. Drittens fühlte ich mich gezogen, getrieben und bewogen, wacker mittagessen zu gehen, und trat infolgedessen mit staunenerregender Frechheit, mit den kalten und gelassenen Gebärden eines Gesandtschaftsattachés und mit der energischen Miene eines sieges- oder todesentschlossenen Überwinders von Beschwerden, Schwierigkeiten und Hindernissen in ein allererstes und feinstes Hotel-Restaurant.

Man schien verblüfft zu sein, als man mich sah.

»Bitte sehr, Sie hier, sagen Sie doch zuallererst, bevor Sie wagen, hier einzutreten, was wollen Sie gefällig hier?«

Mit dieser etwas brüsken und herausfordernden Anfrage warf sich dem Angreifer und Eindringling ein schwarz- und edelgekleideter Herr, anscheinend der Geschäftsleiter selber, abwehrend entgegen; aber alle mutige oder sogar heldenmütige Verteidigung einer in der Tat stark und heftig bedrohten Festung oder Stellung nützte nichts mehr. Der Gegner war zu mächtig.

Nämlich niemand anders als ich! Ich sagte:

»Was ich hier will, fragen Sie? Wie ist es möglich, daß man lang und breit fragen kann, wo man doch, bei nur einiger weniger Welterfahrung, auf den ersten Blick sehen muß, daß es sich um Hunger, und zwar um rechtschaffenen redlichen Hunger und um möglichst schleunige Beseitigung desselben handelt. Was ich will? Essen will ich! Dies hier ist, wie ich sehe, eine Örtlichkeit, wo vornehmste bürgerliche und adlige Herrschaften zu speisen und Erquickung zu holen und zu finden pflegen. Da nun auch ich im höchsten Grad, wie mir scheint, erholungs- und sättigungsbedürftig bin, so trete ich mit Ihrer Erlaubnis hier ein; denn ich glaube mich keine hundert Jahre lang besinnen zu sollen, ob dies ein passendes Lokal für mich sei oder nicht. Keine Umstände, mein Herr! Machen Sie gütigst Platz! Mit so vornehmem, großartigem und bedeutendem Appetit, wie der meinige in diesem Augenblick unbedingt ist, darf und soll ich nach meinem Dafürhalten und laut meiner Auffassung, die sich auf schlichten schlechten Menschenverstand stützt, in jedes, selbst ins feinste und ausgezeichnetste Haus treten.«

Schon war ich hineingestürmt und hatte bereits mitten unter schmausendem Hochadel und sonstiger bemerkenswerter, tafelnder Elite Platz genommen. Es wimmelte da von respekteinflößenden Habichtsnasen und verachtungsvollen Blicken aus Augen hinter einklemmenden Augengläsern. Der Saal besaß eine frostige Schönheit. Ich, indem ich mich wie ein Reichsgraf bedienen ließ, war der sicherlich durchaus nicht erbauliche Gegenstand der allgemeinen Aufmerksamkeit. Prächtig nahm sich zwischen auserlesenster Auslese denkbar bester Gesellschaft mein auserlesenes Wanderburschenwesen aus. Noch heute denke ich mit Vergnügen daran; denn Jugend ist unnachahmlich, und nur in der Jugend besitzt man genügend heiteren Trotz, um fröhliche Streiche glücklich auszuführen. Unsere mutwilligen Jugendstreiche sind wahrscheinlich nicht das Beste, aber sicher auch nicht das Schlechteste an unserem Leben.

Da solche verschwenderische, prahlerische Lebensweise bei spärlichen und kläglichen Mitteln ein offenbar fürchterliches Loch in seine magere ärmliche Kasse reißen und den gesamten Wohlstand, über den er verfügte, untergraben und jämmerlich durchbohren mußte, so sah sich jetzt der kühne Welt- und Lebemann genötigt, in einer der elendesten Herbergen, die er mit seinen Augen jemals erblickte, wehmütig und kümmerlich zu übernachten. Über die Unannehmlichkeiten, die in Form kleiner, hübscher, netter, liebenswürdiger Angehöriger des gestaltenvollen Tierreiches nachts, als er im schlechten, steinharten Herbergsbett lag, über ihn herfielen, um ihm Aufmerksamkeiten zu erweisen, und sich auf allerdings recht sehr eigentümliche Art mit ihm zu unterhalten, will er lieber nicht viele Worte verlieren, weil er der überaus löblichen Meinung ist, daß umständliche Beschreibung und Erwähnung hier ziemlich unfein wären.

Jäh stand ich auf und trat ans offene Fenster. Mitternacht war es, und statt des Schlafes, den ich nicht kosten durfte, weil übelwollende, winzige, niedliche Bösewichte mir denselben raubten, so kostete und genoß ich nun den Anblick der schönsten Mondnacht, die wie eine Eichendorffsche Mondnacht alle ihre unnennbare Schönheit, zaubervolle, milde, bleiche Anmut, göttliche Sanftheit da und dorthin, überallhin, aus der Höhe, gleich einem rieselnden Regen, auf die dunklen Dächer, auf Türme und hoch in die Luft hinaufragende spitzige Giebel niederwarf. Eine leise Handharfe ertönte, und wunderbar, in der Tat himmlisch war die ringsverbreitete nächtliche Stille, diese helle kindliche Mondnachtstille, dieser tiefe süße Mitternachtszauber, dieser dunkelhelle friedenreiche Mondschimmer, diese Musik von Feierlichkeit, Freundlichkeit und Fröhlichkeit, diese Freudensonate, diese Mondscheinsonate! Lebt denn nicht in jeder schönen Mondnacht das Beethovensche Kunstwerk? Kam denn nicht von jeher alle beste Kunst von den Einfachheiten und Alltäglichkeiten her? Ist nicht auch eine Mondnacht ja nur etwas Alltägliches, das dem Bettler so gut wie dem Fürsten beschert ist?

Als es Tag zu werden begann, verließ ich begreiflicherweise meine Herberge gern und begab mich, indem ich in die Straße hinunterging, auf die Suche nach Dauthendey, der mir von München her bekannt war und der zurzeit in Würzburg wohnte.

Nachdem ich den ganzen Vormittag nach des Herrn

Adresse mühsam herumgefragt und -geforscht hatte, wobei ich mich unkluger- sowohl wie launenhafterweise, möglich viel Eigensinn beweisend, bei unbekannten, zufälligen Leuten, die entweder zu x-beliebigen, niedriggelegenen Fenstern ahnungslos herausschauten oder behaglich auf der Straße einhergingen, nach des Dichters Wohnung erkundigen zu dürfen glaubte, ein Verfahren, das mir abenteuerlich, wie es erschien, zuletzt noch Verdrießlichkeiten bereitete, fand ich ihn endlich. Er lag noch friedlich im Bett. Als er mich sah, lachte er.

»Wie sehen Sie aus!« rief er mir mit lauter Stimme zu, und indem er aus dem Bett aufstand und sich mit sehenswerter Sorgfalt ankleidete, sagte er mir, was ich sogleich hier mitteilen werde, und richtete folgende kluge Rede an mich:

»Viel zu abenteuerlich, mein Lieber, ist Ihr Aufzug. Warten Sie, ich will gleich nachschauen. Sie müssen sich hier bei mir jetzt sogleich anders anziehen; denn mit Kleidungsstükken, wie die sind, die Sie da anhaben, spaziert man in Arkadien oder in irgendwelchen sonstigen eingebildeten Ländern, keineswegs aber in der Wirklichkeit und in unserer gegenwärtigen Zeit herum. Sie müssen die Zeit, in der Ihnen gegönnt ist zu leben, besser begreifen lernen. Abenteuerlich können Sie in Ihrem Innern nach Lust und Belieben sein. Sie lassen Ihre Innerlichkeit, Ihre Verfassung, Ihre Seele allzudeutlich merken. Es beliebt Ihnen, auf offener Straße Ihre Phantasien und Träumereien vorzuzeigen. Das ist unklug. Sehen Sie! Hier ist ein Anzug, den Sie ruhig jederzeit tragen können, ohne daß Sie Anstoß erregen. Wozu überall auffallen, wo Sie doch ganz gewiß in keiner Hinsicht auffällig sein wollen. Sie sind ohne Zweifel nur auffallend ungeschickt, und weil Sie dies sind oder zu sein scheinen, so werden Sie mir erlauben, Ihnen kurz einigen diesbezüglichen Unterricht zu erteilen.

Wie ein Bewohner der Gegenden, die nirgends anders als höchstens in Ihrem Kopf existieren, sehen Sie aus, während

Sie ratsamerweise wie ein schlichter, schlechter Mensch unter Menschen oder wie ein Zeitgenosse unter Zeitgenossen aussehen sollten. Sie werden mir diese Worte gewiß nicht übel nehmen, sondern einsehen, daß ich recht habe, und sich dem, was ich sage, freundlich unterwerfen. Sie sind ja bekanntlich ein gescheiter Mensch, und es liegt auf der Hand, daß nur heftiger Jugendeigensinn eine sonderbare Figur aus Ihnen macht. Aber es hat keinerlei Zweck, sonderbar und seltsam erscheinen zu wollen. Eine solche Art, sich auszuzeichnen, muß als gänzlich falsch betrachtet werden. Unser Grundsatz muß uns sagen, es sei in bezug auf Auszeichnung streng geboten, daß einzig nur Fähigkeiten hervortreten. Wir dürfen uns in dieser Beziehung zahlreiche Vorschriften, aber entweder überhaupt keine oder nur wenige Freiheiten erteilen. So! und nun vorwärts! und munter abgestreift den überflüssigen Schein von Absonderlichkeit. Wenn Sie absonderliche Gefühle und Gedanken haben, so genügt das vollkommen. Niemand braucht Ihnen anzusehen, daß Sie eigentümlich und originell sind, Phantasie besitzen und Geschmack am Ungewöhnlichen haben. Sie werden sonst überall nur falsch beurteilt und bereiten sich mit Ihren Zwanglosigkeiten auf Schritt und Tritt nur Verdruß, was Ihnen unmöglich willkommen sein kann.«

Indem er so sprach oder gesprochen hatte, reichte er mir der Reihe nach aus seinen Kleiderreichtümern-Überflüssen und -Vorräten, aus Schrank und Kommode hervorgezogen, Rock, Hose, Hemd, Weste, Hut und weißen, steifen Kragen, nebst einer der nettesten Schleifen, Binden oder Krawatten dar, wodurch ich mich genötigt sah, alle diese Dinge anzuziehen, um mich derart in einen ganz andern und völlig neuen Menschen zu verwandeln. Als die Veränderung und rasche Verwandlung vollzogen war, rief mein Lehrmeister, Freund und freundlicher Gönner aus: »Jetzt sehen Sie sehr gut aus. Und nun kommen Sie. Wir wollen ein wenig spazieren gehen.«

In der Tat gingen wir zusammen in guter und heiterer Stimmung auf die Staße, wo im schönsten Sommerwetter, das uns lustig anlächelte, zahlreiches Publikum hin- und herpromenierte. In meiner neuen Ausstaffierung kam ich mir wie ein Prinz vor, womit ich verständlich zu machen versuchte, daß ich mich beinahe wie neu geboren fühlte. Zwar engte und klemmte mich der hohe elegante Kragen ein wenig ein; den Grundsätzen des Schicklichen und den Erfordernissen des Tonangebenden brachte ich jedoch das gewiß nicht ungeheure Opfer gern und verzichtete auf einen Bruchteil persönlichen Wohlbefindens oder Bequemlichkeit mit Vergnügen. Es war der erste steifgebügelte Kragen, den ich im Leben trug. Da sich mein Benehmen fast augenblicklich den hübschen Sachen, die ich die Ehre hatte zu tragen, gehorsam anpaßte, so wurde ich von allen Seiten her mit sozusagen achtungsvollen und gütigen Augen beaugapfelt und angeguckt, was mich durchaus nicht unbedingt in schlechte Laune setzen mußte. Mein Stroh- und Vergnügungs- oder vornehmer Sommer- und Landaufenthaltshut glich von weitem oder in der Nähe betrachtet freilich einem Wegknechtshut. Dauthendey aber sagte mir, ich solle nur ruhig sein; denn nach jedes vernünftigen Menschen Überzeugung kleide mich die Kopfbedeckung so vorzüglich und vorteilhaft wie nichts sonst. Befürchtungen seien ungeziemend, und jeglicher Zweifel sei in gleich hohem Grade unpassend wie dagegen der betreffende Hut sitze, harmoniere und passe.

Bald traten wir denn in einen der zahlreichen Würzburger Weinkeller und Trinkstuben hinunter, wo wir uns auf die vergnüglichste Art Essen und Trinken darreichen ließen. Prächtig saß und plauderte es sich im kühlen, schattigen, duftig-stillen Winkel.

Acht Tage, länger nicht, aber auch nicht weniger lang, blieb ich unter meines Freundes liebenswürdigem Schutz in der schönen Stadt Würzburg, an die ich mit großem Vergnügen zurückdenke. Würzburgs Bewohner schienen mir heiter und zugleich fleißig, gesellig und zugleich höflich zu sein. Wie manche Straßen prächtig waren und einen bedeutenden Anblick darboten, fand ich den Verkehr lebhaft, und das ganze Stadtwerk konnte man von reichlichen grünen Baumanlagen aufs artigste umschlungen und umsponnen sehen. Weit und breit zogen sich angenehme, wohlwollende rauschende, freisinn-erfüllte Spazierwege hin, auf denen es sich wohl lohnte zu spazieren. Dauthendey führte mich gelegentlich in ein außerhalb auf einem Rebberg anmutig gelegenes Landhaus ein, wo mir erlaubt wurde, allerlei freundliche und gebildete Leute kennenzulernen, die dem edlen Gastrecht einen fühlbar freien, behaglichen Spielplatz einräumten.

Unter anderem besuchten wir zusammen das fürstbischöfliche Schloß oder Palais, wo wir neben mancherlei andern Kostbarkeiten und Schönheiten Tiepolos herrliche Wandmalereien bewunderten. Sachte und aufmerksam gingen wir durch alle jene staunenswürdigen Säle, worin einstmals ein pracht- und verschwendungsliebendes Fürstengeschlecht wohnte. Schwelgerische Herrlichkeit war mit dem anmutigsten Geschmack und die zierlichste Art mit üppigem, kapriziösem Reichtum verbunden. Das Schloß selber erschien unsern staunenden Augen gewaltig groß; seine phänomenalen Dimensionen erinnerten uns sichtlich an die recht eigentlich schreckliche Allgewalt der früheren Fürsten. Der weitläufige kunstvolle Hofgarten kam uns wie ein Märchen vor. Königlich wußten die Könige und Fürsten schon von außen zu wirken, und wer dann seinen Fuß noch in die innere sinnverwirrende Pracht setzte, der mußte, weil ihn fabelhaft schönen Anblickes Übermacht beugte und lähmte, augenblicklich bekennen, daß er mit fürstlicher Hoheit verglichen nur ein armer, schwacher, nichtsbedeutender, in Demut und Gehorsam verharrender Untertan sei, vom Geschick bestimmt, alle harten Zumutungen und alle ihn erniedrigenden, entwürdigenden Voraussetzungen sanft zu dulden wenn nicht schließlich vielleicht sogar noch zu lieben.

Reizende acht Sommertage waren es. Ob ich noch Geld habe, fragte mich Dauthendey. »Nein«, gab ich zur Antwort. Das habe er sich gedacht, meinte er mit höchst verständnisvollem Lächeln, worauf er mir etwas weniges gab. Er besaß selber nicht viel. Um Finanzen von Künstlern steht es meistens ziemlich übel; bedauerlicher Umstand, der die Betreffenden jedoch nicht hindern kann, freundlich und unbedenklich zu geben wie Brüder. Sie besinnen sich dafür auch beim Nehmen nicht lang.

Ging ich etwa nicht im Main baden? Durchaus zuversichtlich! Und bei dieser Gelegenheit muß die alte, imposante, statuengeschmückte Mainbrücke, eine der Sehenswürdigkeiten Würzburgs, erwähnt werden. Saß man nicht des Nachts unter den dichten Zweigen hoher Bäume beim Glas Wein oder Bier im Konzertgarten, um auf Mozartische und andere Töne voll Genuß zu lauschen? Herrlich war die Reihe der aufeinanderfolgenden schönen lauen Nächte, in deren einer ich, da mir wegen Verspätung kein Einlaß ins Gasthaus mehr gewährt wurde, auf einer Anlagebank unter freiem Himmel übernachtete. Ein Schutzmann, der nächtlings auf und ab patroullierte, betrachtete den Übernächtling, der im Hotel zur holden Natur frei logierte, scharf und lang, weil er sich vermutlich verpflichtet fühlte, zu ergründen, ob der Nächtiger dicht vor ihm ein Spitzbube und als solcher gemeingefährlich, oder ein ehrlicher Mensch und als solcher gemeinnützig sei. Am folgenden Tag war ich schläfrig. Seltsame Gesichter, Visionen, Gebilde, darunter Gestalten wie Romeo ohne Kopf in Shakespeares »Romeo und Julia« leuchteten dunkelrot am heiterhellen blauen Tag, unter dem lichten leichten Himmel vor mir auf. Meine schlaftrunkenen, besser unausgeschlafenen Augen schauten in einen glühenden Orient, in ein Phantasieland, und der

Boden, auf dem ich ging oder wenigstens ordentlich zu gehen genügend fest entschlossen zu sein schien, drehte sich traumhaftrund um mich herum.

Ich mußte mir überhaupt nachgerade wie ein rechter Erzvagabund und Tagedieb vorkommen, und weil mir ein so schlechter Eindruck denn doch durchaus nicht gefiel, so fand ich es im geheimen für nicht im geringsten unangezeigt, nach und nach zu beschließen, derartiger faulenzerischer Lebensweise bald einmal ein gemessenes Ziel zu setzen und dementsprechend den Herrn Grafen oder Herrn Faulpelz, falls er liebenswürdigerweise mit notwendiger Korrektur einverstanden sein und allfällige bequemliche Einwendungen gefällig fallenlassen wollte, wieder auf arbeitsamere Bahnen hinzulenken.

Aß und verzehrte ich nicht in bildhübschem Kastaniengarten über einem sonnigen Flußufer besten ländlichen Pfannkuchen mit appetitlichem grünem Salat? Ganz gewiß! Und sah ich mich nicht mit einer in München die edle Malerei studierenden Russin, mit sowohl dunkelhäutiger wie -äugiger Amerikanerin und mit wirklichen, wahren, echten, lorgnonbewaffneten Geheimrätinnen müßige Gespräche führen? Schrieb ich Müßiggänger und sommerlicher Zeitverschwender etwa nicht ein ziemlich langes, inniges, feuriges Gedicht in einer Dame Gedichtalbum? Kein Zweifel! Und weshalb auch nicht? Und spielte ich nicht im ganzen genommen eine völlig nutzlose, zwecklose, haltlose, verantwortungslose und mithin überflüssige Figur? Jawohl!

Ein Ernst überkam mich, und ich beschloß abzureisen, weiter fort in die Welt hinauszufahren. Bei allem Schlendern empfand ich eine unnennbare Sehnsucht nach folgerichtiger menschlicher Bestimmung, so hart sie sich auch erweisen mochte. Mich trieb es in außerordentlich hohem Grade nach Ordnung und täglicher Arbeit, und ich sehnte mich nachgerade nach nichts anderem mehr so lebhaft wie danach, daß ich irgendeine Pflicht fände und erfülle.

»Ich muß Sie«, sagte ich zu Dauthendey, als wir zuletzt noch einmal miteinander durch die stillen mitternächtlichen Gassen gingen, wobei jeder sich irgendwelchen eigenen Gedanken überließ, »um zwanzig Mark bitten, damit ich morgen früh nach Berlin fahren kann.«

Er gab mir das Geld sogleich. Den eigenartigen Handel und die nachdenkliche einsame Szene beleuchtete eine fragwürdige Laterne.

»Ich danke Ihnen; denn sehen Sie: Ein Schicksal befiehlt mir, und ich muß fort! Lachen Sie mich aus, wenn Sie wollen; das hindert mich nicht im mindesten, zu fühlen, daß es mir mit dem, was ich Ihnen sage, ernst ist. Ich setze voraus, daß irgendwo ein redlicher Lebenskampf vorhanden ist, der auf mich wartet, den ich daher aufsuchen muß. Träge Schönheit, lauen weichlichen Sommergenuß, Säumen, Verweilen, Zaudern vermag ich auf die Dauer nicht zu ertragen; denn ich scheine nicht dafür geschaffen zu sein. Vielmehr bin ich vom wundervollen, gefährlichen Gedanken und von der glücklichen Überzeugung durchdrungen, die mir sagen, daß ich geeignet bin, mir durch die Welt und ihre Rücksichtslosigkeiten eine Bahn zu brechen, mich bis dorthin durchzuschlagen, wo mir regelrechte Arbeit und höherer Sinn entgegentreten. Ich sehe Sie lächeln – Sie tun das ohne Zweifel, weil Sie meine Sprache ungemein pathetisch finden. Ich aber finde, daß das Leben einen Klang, eine Wucht enthalten soll, und ich glaube, daß es Leute gibt, die ohne Geruch von Wagnissen nicht leben mögen. Leben Sie wohl!

Ich bilde mir ein, daß Berlin die Stadt sei, die mich entweder stürzen und verderben oder wachsen und gedeihen sehen soll. Eine Stadt, wo der rauhe, böse Lebenskampf regiert, habe ich nötig. Eine solche Stadt wird mir gut tun, wird mich beleben. Eine solche Stadt wird mich begünstigen und zugleich bändigen. Eine solche Stadt wird mir zum Bewußtsein bringen, daß ich vielleicht nicht gänzlich ohne gute

Eigenschaften bin. In Berlin werde ich in kürzerer oder längerer Zeit zu meinem wahrhaftigen Vergnügen erfahren, was die Welt von mir will und was meinerseits ich selber von ihr zu wollen habe. Halb fühle und sehe ich es schon; aber es ist mir noch dunkel. Dort in Berlin wird es mir klar sein; dort in Berlin werde ich es eines Abends oder frühen Morgens mit erwünschter Deutlichkeit wissen. Es gilt zu handeln; zu wagen! In Berlin, mitten im Strudel und Getümmel und in all der Unruhe aufgeregten Weltstadtlebens, in angestrengter Geschäftigkeit und Tätigkeit, werde ich meine Ruhe finden. Was ich hier sage, dessen bin ich sicher, und was ich rede, werde ich erleben.«

Wohl suchte mich Dauthendey freundschaftlich zu überreden, von der Reise abzustehen; aber am nächsten Morgen saß ich trotz aller Abratungen im Eisenbahnwagen, der mich ins Ungewisse hinaustrug.

Ach, es ist herrlich, einen Entschluß zu fassen und voll Zutrauen einem Fremden entgegenzugehen.

Die Indianerin

Feenhaft schön war es am See, an dessen Ufer viele Menschen hin- und herspazierten, um die Schönheit und den Zauber der Sommernacht zu genießen. Was mich betrifft, so kam ich aus winkliger, düsterer Altstadt heraus, indem ich zu konstatieren vermochte, daß ich ganz nett angezogen sei. An Geld und Hoffnungen besaß ich zwar so viel wie nichts; dafür aber lebte der feste Entschluß in mir, in solcher zaubervollen, entzückenden Nacht etwas Schönes zu erleben. Eine Art Abenteuer war es für mich schon, nur durch die Bahnhofstraße zu gehen, wo die Bäume geisterhafte Blätterschatten aufs Trottoir und an die Mauern warfen. Die nachgeahmten, abgezeichneten Blätter bewegten sich wie die wirklichen und natürlichen. Alles schien in der dunkeln Schwüle zu flüstern, zu zittern. Träume waren wach und lebendig geworden; Geister und Gedanken bewegten sich in weichen, schleierhaften Gewändern milde durch abendlicher Straße heiße Atmosphäre.

Aus einem Palast tönte Musik; ich trat näher. Es war ein Hotel, in dessen Garten konzertiert wurde. Auf der Terrasse, dicht an der Balustrade, saß mit finsterem Gesicht und großen, dunklen Augen voll eines verhaltenen Zornes eine Frau, die mir etwas wie eine Indianerin zu sein schien. Herrlich waren ihr Haar und ihre nachdenkliche Geste. Ich blieb dicht vor ihr stehen, zog mich bald ins ringsumliegende undurchdringliche Dunkel zurück und trat hernach wieder vor sie hin. Mein Spiel amüsierte mich. Die Frau begann aufmerksam auf mich zu werden; das sonderbare Benehmen des Unbekannten mußte sie notwendigerweise stutzig machen.

Ohne langes Besinnen trat ich zu ihr in den Garten, und wenn ich sie anzureden wagte, so geschah dies in der festen Überzeugung, daß es ihr nur angenehm sein könne, in ein Gespräch zu kommen. Zum Glück irrte ich mich hierin durchaus nicht; denn ich sah sie über die Worte, die ich sprach, artig lächeln, wobei ihre Düsterheit sich in Aufgeräumtheit verwandelte.

»Trotzdem Sie reich und vornehm zu sein scheinen, verschmähen Sie es vielleicht keineswegs, in meiner Begleitung zu spazieren. Die Nacht ist so schön, und Sie sitzen da so einsam.«

»Seien Sie still und gehen Sie sogleich aus dem Garten. Man lauert mir hier auf. Ich werde kommen«, sagte sie.

Ich gehorchte ihr und entfernte mich. Bald sah ich sie kommen. Groß war sie, und eine entzückende, phantastische Schleppe rauschte hinter ihr drein. Sie kam auf mich zu, und indem sie mir die Hand gab, sagte sie:

»Sie sind dreist! Doch komme ich gern ein wenig mit Ihnen spazieren, und ich danke Ihnen, daß Sie sich bemüht haben, mich dazu zu ermutigen.«

Beide gingen wir nun unter die Menschen, tauchten bald im Schwarz der Nächtlichkeit unter, um an hellen Stellen wieder behutsam hervorzukommen.

»Sind Sie Amerikanerin?« fragte ich.

Sie sagte: »Ja!«

Wir stiegen in ein Boot, und hier gefiel es ihr zu sagen: »Das sieht ja aus wie eine Entführung.«

Immer schaute sie mich aufmerksam an, ich aber sie nicht minder. Wie eine Königin saß sie im Boot; ich selbst erschien mir wie ihr Ruderknecht. Die Königin war auf der Flucht, um sich drohendem Untergang zu entziehen.

Wie ich noch so für mich fortphantasierte, schoß ein anderes Boot pfeilschnell auf uns zu und dicht neben uns vorbei. Eine einzelne Gestalt saß unkenntlich darin. Meine Indianerin und die Gestalt im fremden Boot wechselten einen Gruß. Sie kannten einander.

Wir kehrten um. »Werden Sie morgen abend um dieselbe Zeit wieder zu sehen sein? Ich würde mich freuen«, sprach sie. Aber andern Tags regnete es, und ich blieb zu Hause.

»Regen und prächtige Schleppen passen nicht zusammen«, philosophierte ich, und im übrigen waren plötzlich andere Dinge für mich wichtiger geworden. Demgemäß machte ich mich über die schöne Fremdartige sowohl als über mich selber lustig und nahm mir zum hundertsten oder zweihundertsten Mal, d. h. wie schon oft, fest vor, in Zukunft nur noch nüchtern, praktisch und vernünftig zu sein.

Der Wanderbursche

Einmal traf es sich, daß ein junger Wanderbursche vor ein anmutiges Jägerschlößchen kam, das ganz im hellen, süßen Frühlingsgrün lag. Er blieb stehen, und da der Himmel so schön blau war, das Schlößchen so reizend, so wandelte ihn die Lust an, zu singen, und er sang ein keckes, frisches, hübsches Wanderlied.

Das Schlößchen war aber von einer, wie man sagen mag, einzelnen, edlen, vornehmen, reichen Dame bewohnt, die das Lied hörte. Neugierig trat sie auf den zierlichen Balkon heraus, und da sie sah, daß der Sänger so jung war, so hübsch, manierlich mit dem Hut in der Hand dastand, den jugendlichen Kopf voll heller Locken, und so frei und fröhlich zu ihr hinaufschaute, so wollte sie es sich nicht nehmen lassen, ihn freundlich anzusprechen. Das tat sie und bat ihn, zu ihr heraufzukommen; sie würde ihm etwas zu essen geben.

Dies ließ sich natürlich der gute Bursche nicht zweimal sagen; denn so ein Kerl kann weit in der Welt herumlaufen, bis ihm jemand, und dazu noch eine so schöne, feine Frau, ein so artiges Angebot macht. Mit ein paar Sprüngen war er oben, wo er auf das lieblichste willkommen geheißen und in ein schönes Gemach voller dunkelroter Plüschmöbel geführt wurde. Als er gegessen und getrunken hatte, wobei die Dame ihm auf rührende und einnehmende Art zuschaute, fragte sie ihn, was er sei, welches Handwerk er treibe, worauf er keck erwiderte:

»Ich bin noch nichts. Mein Handwerk besteht in einem Herumwandern in weiter Welt, und was aus mir werden soll, das weiß der Himmel besser als ich selber.«

Der Frau gefielen der Bursche und seine muntere, unbefangene Antwort.

»Wollen Sie eine Zeitlang bei mir bleiben?« fragte sie. Er sagte frischweg ja, und so blieb er bei ihr. Er bekam ein Kämmerchen zum Schlafen. Die Dame war um ihn besorgt, wie wenn sie seine Mutter gewesen sei. Sie kochte ihm alle Tage das schönste und beste Essen, wie Huhn mit Reis, Speck mit Ei und Bohnen mit Hammelkoteletten, und der Bursche, der bis dahin so schmal hatte durchschlüpfen und so kärglich hatte leben müssen, ließ es sich natürlicherweise wohlschmecken.

Des Abends, wenn das Wetter mild war, traten beide auf den Balkon hinaus, um Schönheit und Annehmlichkeit der Nacht zu genießen. Dann schauten Mond und Sterne auf die beiden stillen Leute herunter, und sie ihrerseits zu ihnen hinauf. Oder sie lustwandelten unter breiten dunkeln Bäumen, allerlei schöne, freundliche Gespräche führend, im Garten auf und ab, wobei beide sich über ihr bisheriges Leben harmlos äußerten und ausfragten.

Rasch vergingen die Tage. Die Welt kam ihnen beiden als ein artiger, unschuldiger Traum vor. Indessen merkte die Dame, die den Burschen lieb gewann, ihn deshalb gerne für immer bei sich behalten hätte, hie und da wohl, wie er sich heimlich nach der Welt hinaussehne, wie ihn eine verschwiegene Sehnsucht nach der früheren Wildheit und Ungebundenheit verzehre; aber sie wagte nicht zu fragen.

Die unterhaltsamsten Bücher gab sie ihm zu lesen, und die schönsten Kleider schenkte sie ihm; aber der Bursche verschmähte die Kleider, und die Bücher waren ihm gleichgültig. Wortkarg und wortkarger wurde er. Ihm fehlte etwas; weder Lust noch Geschmack mehr hatte er am Leben, das er bei der gütigen Dame führte.

Eines Abends, da beide im Zimmer bei der Lampe saßen, sprach die Frau zu ihm: »Ich habe Sie lieb wie einen Sohn. Wollen Sie mein Sohn sein?«

»Nein«, gab der Bursche zur Antwort, »und morgen in aller Frühe muß endlich wieder weitergewandert sein. Weinen Sie doch nicht. Lassen Sie mich reden. Lassen Sie mich Ihnen sagen, daß Sie viel, viel zu gütig zu mir sind, daß alle Ihre Liebe, Freundlichkeit und Güte verschwendet sind. Ich habe Sie lieb; doch ich muß weg, muß in die Welt hinaus, muß mit der Welt kämpfen. Ein junger Mann darf sich nicht verwöhnen lassen, soll es nimmermehr so gut haben. Mein Gewissen klagt mich an; es fordert mich auf, fortzugehen, damit mir wieder alle Rauheit der Welt begegne, und ich muß ihm gehorchen; morgen früh darf ich nicht mehr hier bei Ihnen sein. Was für ein Verräter wäre ich, wenn ich die begonnene Wanderung unterbrechen und für immer abstellen, mich so hätscheln und pflegen lassen und gänzlich vergessen wollte, was ich dem Selbstbewußtsein schuldig bin. Haben Sie Dank und verzeihen Sie mir. Doch ein Mann soll ich sein, und ich soll erfahren wollen, was das bedeutet.«

So redete er, und nichts nützten die Vorstellungen, die ihm gemacht wurden. Fröhlich, wie er angekommen war, zog er am andern Morgen fort, und in kurzer Zeit war er verschwunden.

Brief

Mit einem Brief in der Tasche, den die Post mir gebracht und den ich noch nicht zu öffnen gewagt hatte, ging ich mit bedächtigen Schritten den Berg hinauf in den Wald. Der Tag glich einem blaugekleideten anmutigen Prinzen. Überall zwitscherte, grünte, blühte und duftete es. Die Welt sah aus, als könnte sie für nichts anderes als für Zärtlichkeit, Freundschaft und Liebe geschaffen sein. Der blaue Himmel glich einem gütigen Auge, der zarte Wind einer Liebkosung. Dichter und dunkler war der Wald und bald wieder heller, und das Grün war so jung, so süß. Da blieb ich auf sauberem, gelblichem Wege stehen, zog den Brief hervor, erbrach ihn und las folgendes:

»Die, die sich gezwungen fühlt, Ihnen zu sagen, daß Ihr Brief sie mehr erstaunte als freute, wünscht nicht, daß Sie ihr nochmals schreiben; sie wundert sich, daß Sie den Mut fanden, ihr so nahe zu treten, und sie hofft, daß es mit dieser Art Kühnheit, Tapferkeit und Unbesonnenheit ein für allemal sein Bewenden gehabt hat. Gab sie Ihnen jemals irgendein Zeichen, das auszulegen gewesen sein könnte, als sehne sie sich, zu erfahren, was Sie für sie fühlen? Uninteressant, wie dieselben ihr vorkommen, lassen Ihre Herzensgeheimnisse sie vollständig kalt; für die Ergüsse einer Liebe, die ihr gleichgültig ist, besitzt sie nicht das geringste Verständnis, und daher bittet sie Sie, sich vor das Bewußtsein führen zu wollen, wie sehr Sie Ursache haben, sich der Absenderin gegenüber in angemessene Entfernung zu setzen. Bei Beziehungen, die lediglich respektabler Natur sein sollen, muß jede Wärme, wie Sie ohne weiteres einsehen werden, unbedingt verboten sein.«

Ich faltete den Brief, der so Trauriges und Niederschlagendes enthielt, langsam zusammen, und indem ich das tat, rief ich aus: »Wie bist du gut, freundlich und süß, Natur! Deine Erde, deine Wiesen und Wälder, wie sind sie schön! Gott im Himmel, und wie sind deine Menschen hart.«

Ich war erschüttert, und noch nie kam mir der Wald so schön vor.

Sommerleben

In der bekannten Stadt am See angekommen, mietete ich mir ein Zimmer. Meine Wirtin küßte ich schon am Abend des ersten Tages. Sie stand mit einer Lampe in der Hand unter der Türe, was ich für eine gute Gelegenheit hielt, ihr einen Kuß zu geben, womit ich ihr zu verstehen geben wollte, daß ich sie liebe. Sie wehrte den zärtlichen Angriff in keiner Weise ab; vielmehr ließ sie sich denselben ruhig gefallen, lächelte und war glücklich.

Eine Leichtfertigkeit führte die andere herbei. Ich besaß zwei hübsche Anzüge und einiges erspartes Geld, das ich fest entschlossen war zu vergeuden. »Nachher kommt dann harte Arbeit«, sagte ich mir. Ich kam mir sehr abenteuerlich vor, und in der Tat war ich es auch. Mehr und mehr gewöhnte ich mich an eine gewisse Kühnheit, woran ich viel Geschmack fand. Da das Wetter schön war, so aß ich, wo mich der spielende Zufall gerade hinwehen mochte. Vielmals lief ich den Berg hinauf, um mich im hellgrünen, wundersamen Maiwald an geeignetem, sorgfältig abgelegenen, hübsch verborgenen Platz niederzusetzen und Rast zu machen.

Da ich mich überall, wohin ich ging, wie ein wohlhabender, herzlich gutgelaunter junger Mann aufführte, dem es auf kleine lustige Verschwendungen durchaus nicht genau ankam, so ließen mich die Leute ein deutliches Wohlgefallen merken; das war mir natürlich nur recht.

Mitunter lag ich einen halben oder ganzen Tag lang auf meines Zimmers Fußboden und las mit angespannter Aufmerksamkeit in irgendeinem alten halbzerfetzten »Gartenlaube«-Band. Die Straßen der Stadt waren im blendend hellen Licht entzückend schön. Ich spazierte wie ein Lebebaron umher, und etwelchen Leuten, die ebenso dahin und daher schlenderten, wie ich es tat, fiel es ein, mich zu grüßen, als sähen sie in mir einen guten Bekannten. Ich fand dies sehr lustig.

Das Flattertum, das mit mir lief und an mir hing, empfahl mich besonders den Mädchen, die an männlicher Leichtlebigkeit ein starkes Interesse haben.

Eines Nachts, da ich über eine Brücke ging, trat mir eine fabelhafte Nachtgestalt, Unholdin, berückend schön gekleidete, großgewachsene Frau mit phantastisch schwarzem Haar und langer Schleppe entgegen. Die Schleppe war wie aus Rosen gewoben; der hochaufgeraffte Rock ließ die schönen Beine bis zu den üppigen Oberschenkeln frei. Haar und Augen waren schwärzer wie die Nacht, die Strümpfe schneeweiß. »Kommst du mit?« fragte sie. Es bedurfte keiner Frage. Die schöne Sommernacht und das reizende nächtliche Frauenbild mit seinem sonderbaren Wesen und seiner hinreißenden Ausstaffierung waren in diesem Augenblick für mich nur noch eines, ein einziges Schönes; und ebenso unbedenklich, wie ich die Nacht selbst guthieß, hieß ich auch das fremde Wesen gut, und so schloß ich mich an die seltsame Erscheinung an.

Am nächsten Tag kaufte ich mir in einem Bankgeschäft an der Bahnhofstraße ein ungarisches Los, ohne viel dabei zu denken. Ich kam mir in meiner Gedankenlosigkeit gewissermaßen schön vor, und in der Tat liegt im liederlichen Lebenswandel etwas Unschuldiges. Das Leben machte ein so anmutiges Gesicht, ei nun! so fühlte ich mich zur Sorglosigkeit und Freundlichkeit verpflichtet und machte ebenfalls ein fröhliches Gesicht.

So lebte ich dahin. Mit meiner Aufführung war ich freilich selber nur halb einverstanden, also durchaus nicht einig; aber ich brachte mir gegenüber nicht genügend Boshaftigkeit auf, um imstande zu sein, mir zu untersagen, einigermaßen die Welt zu genießen. Ohne die Lehrsätze in den Büchern darum geringzuschätzen, schien es mir für mich empfehlenswert zu sein, zeitweise mehr die lebendige Welt wie irgendwelche Regel als gesetzgebend anzuschauen.

Das Pfarrhaus

Auf einer Wanderung kam ich gegen Abend in ein hübsches, von grünen Hügeln umschlossenes Dorf. Ich ging vor das Pfarrhaus, wo ich klingelte. Ein wachsamer Hund machte schrecklichen Lärm. Bald traten Pfarrherr und Pfarrersfrau vor die Türe. Beide schauten mich freundlich und zugleich verwundert an. »So sei doch still, du!« sagte der Herr zum Hund. Mich aber fragte er mit sanften, wohlgesetzten Worten nach meinen Wünschen. Ich hatte längst meinen Wanderhut vom Kopf weggenommen, und indem ich über das, was ich vorbrachte, fast selber lachen mußte, sagte ich folgendes:

»Auf unbestimmter Wanderschaft begriffen, kam ich soeben hier vorbei, und da ich das freundliche Pfarrhaus sah, in welchem sich, wie ich zu wissen meine, das liebenswürdige Mädchen aufgehalten hat oder vielleicht noch jetzt aufhält, das ich aufsuche, um ihr etwas Artiges zu sagen, so habe ich mich, wenn auch erst nach einigem Zögern, weil ich lästig zu fallen fürchten mußte, entschlossen, hier anzuklingeln, und nun stehe ich, als ein Ihnen gänzlich Unbekannter, in einiger, und, wie ich gerne bekenne, mir selber gar nicht unangenehmen Verwirrung da und möchte Sie, der Sie mir als der leutseligste und menschenfreundlichste Pfarrherr der Welt erscheinen, gerne fragen, ob das Fräulein hier ist.

Persönlich kenne ich die junge Dame nämlich noch keineswegs; aber ich schätze und verehre sie schon nach allem dem, was mir von ihr erzählt wurde, aufrichtig und innig. Auch soll sie sich bei denen, die im Umgang mit ihr gewesen sind, und die wieder mir nahestehen, auf die allerliebste, angenehmste Weise nach hier vor Ihnen stehender, überaus wertloser und geringfügiger Person erkundigt haben, derart, daß mir wohl beinahe das heitere, ungezwungene Recht zustehen mag, mich ihr vorzustellen, um die begehrenswerteste und holdeste aller Bekanntschaften zu machen. Verzeihen Sie, Herr Pfarrer, ebenso Sie, Frau Pfarrer, daß ich so unbedacht vor Ihr Haus zu ziehen gekommen bin; auf Wanderungen jedoch, müssen Sie erfahren, bin ich immer eigentümlich gut gelaunt, und indem ich das bin, bilde ich mir im Flug ein, daß alle andern Menschen es ebenfalls seien, und dann hat mich ja schon der schöne Abend so tief, so eigentümlich angeheimelt, mit so milden, klugen Augen angeschaut, gerade wie Sie jetzt, verehrter Herr und verehrte Frau, mich anzuschauen belieben. Wenn das Fräulein hier ist, so darf sie vielleicht auf einen Augenblick herauskommen, damit ich sie zu sehen bekomme.«

Die beiden verehrungswürdigen Leute lächelten.

»Die werte Person, deren Bekanntschaft Sie machen möchten, ist nicht hier«, sprach der Pfarrer; »wer aber sind Sie, wenn Sie die Frage erlauben?«

Auch ich mußte lächeln. Die kleine Szene hatte etwas unverhohlen Freundliches und zugleich etwas Seltsames.

»Ich heiße«, sagte ich, »so und so und bin das und das. Sie können mich als Studenten ansehen, der Studien halber in der Welt herumläuft.«

»Es tut mir leid«, sagte hierauf der Herr, »daß Sie das, was Sie suchen, nicht gefunden haben.«

»So finde ich es vielleicht bei anderer Gelegenheit«, erwiderte ich fröhlich, und indem ich die Leute, die mich aufmerksam, doch voll Güte, vom Kopf bis zu den Füßen musterten, um Entschuldigung bat, grüßte ich sie und zog weiter.

Marie

Ich kam in ein Zimmerchen zu wohnen, das einst einem Uhrmacher als Atelier gedient haben mochte. Darf ich behaupten, daß das Zimmer ganz entzückend war, daß es wie die Zierlichkeit, Behaglichkeit und Wohnlichkeit selber aussah? Ja, das darf ich! Es war ein schmaler, eben recht länglicher Raum, derart, daß ich gemütlich darin auf- und abspazieren konnte, was ich mit großem Vergnügen tat. Die Fensterreihe und -seite gewährte eine reizende Aussicht auf die Landschaft.

Das Haus selber, das kaum auf die Bezeichnung Haus Anspruch machen durfte, sondern mit dem Titel Häuschen zufrieden sein mußte, lag nah an der Eisenbahnlinie und am hier anstoßenden, bräunlich-schwärzlichen Felsen und sah wie ein Hexenhäuschen aus.

Tatsächlich wohnte hier eine Hexe, die Frau Bandi hieß, die im Grunde jedoch keine Hexe, sondern eine sehr gescheite und liebenswürdige Frau war. Sie wohnte unten im Erdgeschoß, während ich oben unter dem Dach residierte und logierte.

Täglich sah ich einen alten guten Mann, das war mein Vater, der in seinem weißen Haar rührend aussah. Jeden Mittag, nach dem Mittagessen, pflegte er seine Tasse schwarzen Kaffee zu trinken und hiezu das Tagblatt zu lesen, eine Übung, die ihn regelmäßig einnicken oder einschlafen machte, über welchen Umstand er sich unmittelbar darauf stets ein wenig ärgerte. Vater wollte noch lange kein alter Mann sein, und die kleinen Beweise eines schon ziemlich hohen Alters liebte er keineswegs.

Zum Haus gehörte eine kleine, elegante Terrasse oder Veranda sowie ein zierliches, überaus hübsches nettes Gärtchen. Östlich stieß ein altes Friedhofstück mit Urnen aus der guten alten Zeit ans Haus. Im Westen lag weit ausgebreitet der See. Südlich lag die Altstadt mit ihren würdevollen Häusern, schlanken Festungstürmen, nebst allerlei merkwürdigen alten Gärten, die von charakterreichen hohen Tannen besetzt waren.

Mit einer Kammer, in welcher sich laut meiner freilich etwas phantasievollen Auffassung ein wegen hohen politischen Bedenklichkeiten verbannter Prinz von Geblüt vorübergehenderweise hätte aufhalten können, war ich selbstverständlich in hohem oder höchstem Grad zufrieden. In schönen Nächten war das Stübchen oder Gelaß schimmernd weiß; es gab nämlich einige fabelhaft schöne helle Zaubernächte mit unendlich liebem Mondlicht, holder Mondromantik.

Frau Bandi besaß etwas Stilles und Vornehmes, nur sprach sie mir allerdings fast ein wenig zu klug. Sie las viel. Ihre Lieblingsschriftsteller und -dichter waren aber übrigens nicht die meinigen; doch verstand sich dies eigentlich von selber. Das andere Geschlecht wird immer auch einen andern Geschmack und ein anderes Gefühl haben. Als schön konnte Frau Bandi nicht mehr gut gelten; aber sie zeigte noch deutliche Spuren von ehemaliger Lieblichkeit und war geistreich. Wie alle geistreichen Leute war sie mitunter ein wenig boshaft. Dann und wann schriftstellerte sie ein wenig, ohne aber deswegen schon eine eigentliche Schriftstellerin zu sein, was mir unter Umständen, wie ich unumwunden gestehe, ein wenig unangenehm hätte sein können. Ihr Mund hatte einen etwas schroffen Ausdruck; in ihren Augen lag etwas Abweisendes und Kaltes. Sonst aber war sie sehr lieb. Im großen und ganzen erhob sie den Anspruch, tiefunbefriedigt zu sein und sich für unglücklich zu halten. Offenbar ist man in der Tat unglücklich, sobald man es sich einbildet. Sie umgab sich mit Hund und Katze, schöner Literatur und wehmütigen Einfällen, und es mochte manchmal aussehen, als lebe sie nur noch darum, weil ein gütiger, trostreicher Tod sie bisher noch nicht abgeholt hatte. Oft wurde sie von sanftem, aber schier unaufhörlich strömendem Weinen förmlich überfallen. Wünschte sie vom Leben befreit zu sein? Ich weiß es nicht und vermag in dieser Hinsicht nicht das geringste zu sagen. Auch tut man meiner Ansicht nach gut, über Dinge, die vielleicht allzu zart sind, still hinwegzusehen.

Bezüglich des hübschen Kämmerchens, wovon er nach Belieben Gebrauch machte, und was des Mieters vermutlich recht geringe Finanzkraft betreffen konnte, so hatte mein guter Vater in seiner vielleicht etwas übertriebenen Sorglichkeit für angezeigt gefunden, einige größere oder kleinere Zweifel laut werden zu lassen; denn er kannte seinen ohne Zweifel bisweilen kühnen, kecken und verwegenen Herrn Sohn, wenn vielleicht nicht vollständig, so doch wahrscheinlich ziemlich gut.

»Kannst du aber auch zahlen, mein lieber Sohn? Nimm mir diese Frage nicht übel. Du weißt, daß ich kein reicher Mann bin«, hatte er gesagt, wobei er seine alte gute Hand in ganz bedenkenerregender Manier ans Ohr hinaufgesetzt und ein überaus bekümmertes Gesicht gemacht haben wollte.

Lachend legte ich hundert Franken auf den Tisch, und der äußerst delikate Handel war erledigt.

Da der Vater gutwilligerweise gezögert hatte, das Geld sogleich anzunehmen, so leistete ich mir, stolz und vornehm, wie ein spanischer Edelmann, die großzügige Bemerkung: »Mach keine Umstände«, worauf der Zimmervermieter und Vater sich beeilte, Wein und zwei Gläser herbeizuholen, um sich und mir ein Glas Wein einzuschenken, was er mit einer Sorte jugendfrischer Artigkeit und Liebenswürdigkeit tat, die ich ehrlich bewunderte.

Vater war überhaupt immer, falls es ihm die äußern Umstände nur irgendwie erlaubten, ein gefälliger, lebenslustiger, höflicher und artiger Mann, und im Weineinschenken und -aufstellen erwies er sich, das darf ich getrost sagen, stets als ein Meister.

Ich darf im Erzählen nicht eher fortfahren, als bis ich erwähnt habe, was durchaus erwähnt, hervorgehoben und verständlich gemacht werden muß, nämlich daß ich eben erst aus wahrhaft prächtiger Lebensstellung herausgeflohen war, die ich nach kurzem Bedenken preisgegeben hatte, weil ich mir sagen zu dürfen glaubte, daß ich zum endgültigen Sitzen- und Klebenbleiben noch zu jung und dementsprechend zum Auf- und Davonlaufen und leichtsinnigen Stellungspreisgeben nicht bereits zu alt sei; daß es für mich wesentlich noch zu früh sein könnte, mich für immer an eine eintönige, gleichmäßige, tägliche, berufliche Pflichterfüllung und damit für immer an ein und denselben trockenen, langweiligen Aufenthaltsort zu binden; daß mich der allerfesteste und schönste Jahres- und Monatsgehalt für zu früh herbeigeführten Verzicht auf Bewegungsfreiheit kaum je reichlich genug zu entschädigen vermöge.

Einen bindenden Anstellungsvertrag, der mir in der Voraussetzung vorgelegt worden war, daß ich ihn mit dem denkbar stärksten und größten Behagen unterzeichnen wollen würde, hatte ich die Kühnheit gehabt zurückzuweisen, womit ich eine Fessel mich geradezu unglaublicherweise unterstanden hatte zu verwerfen, die mich wohl auch in gewisser Hinsicht locken mochte, weil sie eine gesicherte Existenz darstellte.

So saß ich denn jetzt in einer Stube, die mir ein freundlicher alter Mann bereitwillig abgetreten hatte, und da ich über jede nur erdenkliche freie Zeit verfügte, so strich, strolchte, schlenkerte und schlenderte ich teils im Wald herum und schrieb andernteils über das Herumschweifen gelegentlich einen vielleicht ganz hübschen Aufsatz. Von Zeit zu Zeit drehte und rauchte ich eine französische Zigarette oder rauchte aus einer der zahlreichen Tabakpfeifen meines Vaters, der mir das durchaus nicht untersagte. Ich besaß zwei hübsche ganze Anzüge und einiges sauer erspartes Geld.

Sehr ernsthaft sprach ich zu mir selber: »Wenn ich auch vorläufig noch zaudere und einstweilen noch wie ein auserlesener Vergnügungsmensch aussehe, so zweifle ich deswegen keinen Augenblick, daß vielleicht bald eine Zeit kommt, wo ich wie die feste Entschlossenheit selber aussehen, und wo ich bereit sein werde, es mit der ganzen Rauheit und mit der völligen Nacktheit des Lebens ebenso wakker aufzunehmen wie irgendeiner.«

Auf dieses Selbstgespräch war ich nicht wenig stolz.

Es war Vorfrühling; der nahegelegene Marktplatz sah mit seinem netten Getümmel von Menschen und Waren im hellen Sonnenschein und in der klaren Frühjahrsluft zum Entzücken aus. Aus den umliegenden Gärten und durch alle engeren und breiteren Gassen tönten die vielverheißenden, liebreizenden, schmelzenden Stimmen der Vögel. Altbekannte, vertrauenswürdige Farben zeigten sich da und dort, und es schien von überall her nach Liebesbedürfnis und Liebesglück zu duften. Stimmen und wieder andere

Stimmen wurden laut, und die Kinder benützten Straßen und Plätze, um übermütig zu spielen. Alle hör- und sichtbaren Töne und Farben gingen ineinander über. Freundlicher, nachbarlicher als sonst schienen alle alten und jungen Menschen auszusehen. Alle guten Dinge schienen einander nah verwandt; alles war angenehm erregt, beseelt, belebt. Alles Verschiedene, Zerstreute hing zu einem wohlwollenden, glücklichen Ganzen zusammen. Freude, Güte und nachsichtiges Gönnen schienen als helle, holde Gestalten unter den Leuten erquicklich einherzuspazieren.

Ich ging in den Wald, wo ich Blumen und kleine hübsche Gräser sammelte, die ich auf gewinnende und sprechende Art in eine Schachtel stellte, derart, daß es einem winzigen Stückchen Frühling ähnlich sehen sollte. Auf das Blumenstück legte ich ein säuberliches Zettelchen, worauf ich einige offenkundige Zärtlichkeiten geschrieben hatte, und das Ganze sandte ich an eine junge Schauspielerin, die in »Kabale und Liebe« die Rolle der Luise spielte.

Nebenbei knüpfte ich, und zwar scheinbar mit einigem Glück, auch noch andere Beziehungen an, nämlich zum erstenmal in meinem Leben zu einer schöngeistigen Zeitschrift.

Hin und wieder glaubte ich, durch bessere und schlechtere Wirtschaften eine Gastspielreise veranstalten, absolvieren oder unternehmen zu müssen. Das Bier wollte keineswegs aufhören mir zu schmecken, und ich sah nicht ein, daß es vorteilhaft für mich hätte sein können, wenn ich mich gezwungen haben würde, wie ein Mönch zu leben.

Saß ich emsig schreibend zu Hause, so trat, um zu sehen, was ich mache, etwa Frau Bandi zu mir in die Stube.

»Was schreibt der Herr Baron da?« fragte sie in der Tonart des Neckens. Ich gab in ebensolcher Sprechweise zurück: »Allerlei Dummheiten«.

Fast regelmäßig nachmittags spendete sie mir in ihrem Wohnzimmer eine Tasse Tee, was begreiflicherweise jedesmal ein Anlaß zum Plaudern war. Bisweilen hatte sie um diese Zeit Besuch. Wollte wieder sie selber jemand besuchen, so begleitete ich sie. Oft auch unternahmen wir zusammen irgendeinen kleinen Spaziergang.

Bald hernach jedoch kam ich mit einer Frau von ganz anderer Art näher zusammen. Aus Frau Bandis kleinster Äußerung oder Bewegung sprach die typische gebildete Frau; die andere aber konnte ich unmöglich für gebildet halten. Ich werde auf diese andere Frau sogleich zu sprechen kommen.

Vorher möchte ich noch erwähnen, daß mir Zubettgehen sowohl wie frühmorgens Aufstehen die größte Freude machten. Bei schönem Wetter war mein Zimmer dicht voll von hellstrahlendem Sonnenschein, worin ich nach Herzenslust baden konnte. Jeden Tag ging ich eine größere oder kleinere Strecke den nahen Berg hinauf, und hier, im phantastisch hohen Wald, lernte ich eines Tages das fremdartige weibliche Wesen kennen, von dem ich soeben gesprochen habe.

Abends war's; ich verfolgte, von allerlei Gedanken stark in Anspruch genommen, indes die untergehende Sonne goldene Gluten in das wunderbare, von Üppigkeit und Jugendglanz strotzende, tiefsinnige Grün hineinwarf, so meinen Weg, als mit einmal eine große Frauengestalt, die von vorspringendem Gestrüpp bis dahin verborgen gehalten wurde, dicht vor mir auftauchte. Verwunderungsvoll und höchlich betroffen blieb ich stehen; denn ich hatte eine so seltsame und zugleich so schöne Erscheinung nie auch nur von weitem, geschweige je so nah vor mir gesehen. Freundlich lächelnd trat sie zu mir heran und bot mir die Hand dar, die ich ohne geringstes unschönes Bedenken ergriff, worauf mich die Frau tiefer ins Waldesdickicht hineinführte, indem sie sagte, daß sie mir einen Platz zeigen wolle, wo wir beide völlig ungestört sein könnten. Mich ergriff ein wunderbares, inniges Behagen. Ein Glück, wie ich es nie vorher und nie mehr nachher wieder empfunden habe, hauchte mich von allen Seiten her an. Ich fühlte mich in ein Märchenland versetzt, und die stillen, hohen, schlanken Tannen, die am verborgenen Waldweg standen, kamen mir wie Palmen vor. Ein unbestimmtes Etwas, irgendwelches Gute und Schöne, an das ich dachte, zwang mich, mit leiser, ruhiger Stimme zur fremden Frau zu sagen:

»Ich liebe dich. Führe mich, wohin du willst. Ich traue dir in jedem Sinne und vertraue mich dir mit aller Seelenlust an.«

Liebreich, aber immer sehr ernst, schaute sie mich an. Zu den Worten, die ich gesprochen hatte, sagte sie nichts, sondern geleitete mich weiter, bis wir an einem eingeschlossenen Ort ankamen, der ihr um seiner Abgelegenheit willen geeignet erschien, uns auf den Boden zu setzen, was wir taten, und uns gegenseitig ungestört anzuschauen, wozu wir ebensoviel Lust wie Zeit hatten. Die Zeit schien mir stillzustehen, und der grüne Wald, aller Raum um uns beide, schien sich für uns in ein hohes, freudereiches, malerisches Lustzelt verwandelt zu haben, um zwei stille, glückliche Liebende mit seiner Pracht zu ergötzen. Der Moosboden, auf dem wir eng nebeneinandersaßen, war weich und schön und schien mir kostbar wie ein Fürstenteppich. Perserteppiche laden nicht freundlicher und eindringlicher zum Sitzen und Ruhen ein wie dieser liebe grüne, bescheidene Waldboden, auf welchem wir es uns zu unserem Entzücken wohl sein ließen.

Alles Störende, Beeinträchtigende, Beunruhigende war wie für immer aus der Welt verbannt und verschwunden; nichts Ungutes mischte und drängte sich in den Genuß der Zauberstunde, die ich mit der wunderbaren Frau im Waldwinkel, lieben, süßen Waldesdüster und -geflüster verbrachte. Nur die Abendsonne drang mit ihren letzten, schwelgerischen Liebesstrahlen rosengleich noch in die wonnige Abgeschiedenheit hinein, und ein leiser Abendwind nur leistete uns auf höchst liebenswürdige, erwünschte Art Gesellschaft, indem er die zarten, leichten Blätter um uns herum von Zeit zu Zeit in lispelnde, wispernde Bewegung setzte. Indem ich mir die Frau sorgfältig anschaute, küßte ich sie, und sie duldete den Kuß. Ein gütiges Lächeln schwebte ihr über die Lippe, die ich mit meinem Mund berührte. Entzücken rann mir durch die unsäglich ruhige Seele.

Da ich sie bat, mir zu sagen, wer sie sei und wie sie heiße, so erwiderte sie mir, daß sie mir das ein anderes Mal sagen wolle. Ich war mit der ausweichenden Antwort zufrieden. Sie zeigte bei allem natürlichen, ungekünstelten Benehmen dennoch ein Wesen voll hoher Würde. Ihr Charakter schien mir tiefernst, aber dessenungeachtet ebenso heiter zu sein. Wir redeten beide kaum einige Worte, begnügten uns vielmehr mit dem Genuß, der für uns darin liegen wollte, daß wir anhaltend still und gedankenvoll nebeneinander dasaßen. Ernst und schön und mutig saß sie da. »Offenbar ist sie ein seltenes Naturgeschöpf. Was für Gedanken mag sie haben?« sagte ich mir im stillen.

Längst war es Nacht geworden; alles war finster.

»Du wirst wohl nach Hause gehen müssen«, sagte sie.

»Und du?« fragte ich.

Sie sagte: »Ich bin hier im Wald zu Hause.«

Wir trennten uns.

Frau Bandi war mit Übersetzen einer kleinen polnischen Erzählung beschäftigt. Die häusliche Arbeit, die sie zu besorgen hatte, schien verhältnismäßig nur wenig Kraft und Zeit zu beanspruchen. Gelegentlich ersuchte sie mich, genannte literarische Arbeit durchlesen und vielleicht hie und da verbessern helfen zu wollen. Ich gehorchte, d. h. tat, was gefordert wurde, langweilte mich aber dabei entsetzlich und vermochte daher weder ein allerdings ziemlich abscheuliches Gähnen noch zwei bis drei womöglich durchaus unstatthafte, weil höchst übelangebrachte, hübsche, meilenweite, haushohe Stoßseufzer gänzlich zu unterdrücken. Das polnische Produkt kam mir allzu sentimental und düster vor. Schwarze, schwarze, nochmals schwarze Raben; Tränen, Tränen und nochmals Tränen flogen und rannen in der kolossalen Novelle drückend, pressend, krächzend, schauerlich herum. Junge, Junge, halt den Mund, oder du bist rettungslos verloren. – Item!, die ungeheure unerhörte, tragödienhafte, rabenschwarze Geschichte war jedenfalls durchaus gegen meinen Geschmack. Aber mein Lieber, hören Sie, was sagt denn Frau Bandi, die doch mit dem jungen polnischen Verfasser, einem ohne Zweifel ungemein interessanten Menschen, immerhin brieflich Verkehr pflegte.

»Ein ganz frecher, unverschämter Kauz sind Sie, wissen Sie das? Wollen Sie sofort Ihr spöttisches Seufzen und dummes Gähnen bereuen und mich um Verzeihung bitten? Ja oder nein? O Sie!«

So sprach sie, und wegen des unleugbaren, allzu offensichtlichen, unvorsichtigen Mangels an Polenhochachtung und Polenverständnis, den ich an den Tag zu legen wagte, schaute sie mich ganz geringschätzig an, worüber ich natürlich laut lachen mußte. Die Entrüstete bat ich freilich sehr manierlich und sehr sorgfältig um Entschuldigung. »Warten Sie, ich werde Ihnen bald!« machte sie und lachte ebenfalls.

Sie spielte dann und wann auf einer Art Mandoline, wozu sie mitunter auch sang; indessen besaß sie nicht Stimme genug, um mit ihrer gesanglichen Leistung irgend jemandes Ohr erfreuen zu können. Sehr hübsch und lustig pflegte sie dagegen mit ihrer schönen Angorakatze zu reden, die manierlich horchte und Augen machte, als verstehe sie jedes Wort, das man an sie richtete.

»Führen Sie nicht eigentlich ein richtiges liederliches Vagabundendasein? Schämen Sie sich nicht? Machen Sie sich wirklich nie Vorwürfe?« sagte mir einmal Frau Bandi.

Ich erlaubte mir zu entgegnen: »Das kommt auf die Auffassung an. Ich bin mit meinem bisherigen, scheinbar leichtfertigen Lebenswandel im allgemeinen durchaus nicht unzufrieden, und zwar vorläufig deshalb nicht, weil ich mir sagen darf, daß ich absolut niemand im Weg bin, und daß ich für mein ferneres Fortkommen doch wohl hoffentlich zu sorgen wissen werde.«

Allerdings warf ich mir bisweilen selber meinen andauerlichen Müßiggang lebhaft vor, ohne mich jedoch deswegen allzu stark zu beunruhigen. Beständig dachte ich an Beschäftigung, nahm ich mir Arbeit vor, arbeitete aber deshalb doch noch lange nicht, lief vielmehr nach wie vor arbeitslos und ohne jegliche Tätigkeit herum. Tiefsinn und Wehmut hielten mich auf eigentümliche Art gefangen, den ganzen Tag kam ich von vielerlei Gedanken nicht recht los, sah mich von den eigenen Einfällen gefesselt. Ich war gewissermaßen Gefangener und zugleich Gefängnis, fühlte mich durch mich selber eingeengt, gehemmt, eingekerkert. Ich war frei, war es aber plötzlich wieder nicht im mindesten. Das weiße Haar meines Vaters machte mir einen tiefen Eindruck. Weit fort in die helle, weite, offene, gesunde Welt hinaus hätte ich wandern mögen, hatte aber doch auch wieder nicht die geringste Lust, nicht den geringsten Trieb dazu, obwohl ich eigentlich ganz gewiß nicht zu träge dazu war.

In meinem Dachstübchen, Schmuckstück, Zierstück, wahren Ideal von Dachstübchen, schrieb ich an meine Frau Bandi, um ihr einige Unterhaltung zu verschaffen, kleine Mitteilungen, Briefe oder Notizen. Die Schriftstücke ließ ich später unten im Treppenhaus in ihren Briefkasten fallen. Einer dieser kleinen Briefe lautete:

Liebe Frau Bandi! Ich fühle mich hier oben in meiner Stube wie mitten in einer Erzählung, worin gesagt wird oder geschrieben und gedruckt steht, daß eines Tages ein junger, netter Mensch, der vielleicht nicht recht gescheit war, in einer artigen Dachkammer saß und für sich träumte. Ich komme mir manchmal wie eine Traumgestalt oder Phantasiefigur vor. Ich lebe nicht und bin dennoch lebendig. Wie kommt das? Und Ihnen, wie geht es Ihnen unten in Ihrem

Erdgeschoß? Womit sind Sie in diesem Augenblick beschäftigt? Ich wünsche Ihnen zum Frühstück eine Beigabe von hundert, wenn nicht sogar tausend willkommenen Heiterkeiten. Die liebe Sonne scheint mir ins Zimmer hinein, auf den Tisch, auf das Schreibpapier, an die Nasenspitze und an die Federspitze, mit der ich diese unklugen Worte schreibe. Nicht wahr, Sie sind doch eigentlich auch der Meinung, daß die Welt entzückend schön ist. Was Sie betrifft, so finde ich, daß Sie eine sehr liebe Frau sind, und ich behaupte steif und fest, daß ich Ihnen sozusagen tatsächlich zugetan bin. Aber womit könnte ich Ihnen beweisen, daß Sie mir lieb sind? Mich selber halte ich für einen eher guten, dummen, ehrlichen, als schlechten, schlauen und zweideutigen Kerl, für eher treuherzig als gänzlich abgefeimt, für mehr grad als krumm und für leider eher bedeutungslos als wichtig und bedeutend. Im großen und ganzen bin ich vielleicht ein ganz passabler, netter Mensch, wiewohl ich dies bis dahin freilich noch nicht bewiesen habe. Ich bitte Sie, probieren zu wollen, ob es ihnen möglich sei zu glauben, daß ich unter Umständen ganz nett sein könnte, falls ich nur wollte. Sie jedenfalls sind sicher eine sehr nette Frau.

Über solcherlei Ergüsse lachte Frau Bandi manchmal ganz ausgelassen. Sie pflegte dies auf so silbrige und kicherige Art zu tun, daß es ein Genuß sein konnte, sie lachen zu hören. Sind nicht am Ende die lustigen Momente die schönsten von allen, die wir armen, von trüben Stimmungen leider nur zu häufig geplagten Menschen erleben?

Mit einem wackern, schlichten Menschen ging ich um diese Zeit einmal über den Berg. Wie ich mich deutlich erinnere, entspann sich auf dem Wege eine gute und sehr angenehme Unterhaltung, wobei die treffliche Persönlichkeit, in deren Gesellschaft ich ging, den Gedanken entwickelte, der dahin lautete, daß im allgemeinen wir Menschen während unseres ganzen Lebens uns von einem gewissen eifrigen Suchen und Sehnen weder jemals zu befreien imstande seien, noch uns Mühe geben sollten, uns davon befreien zu wollen; daß unser Sehnen nach Glück als solches offenbar viel schöner, immer viel zarter, bedeutsamer und darum im Grunde wahrscheinlich auch viel begehrenswerter sei als das Glück selber, welches vielleicht überhaupt gar nicht zu existieren brauche, weil ein heißes, beglückendes Streben und ein immerwährendes sehnsüchtiges Verlangen nach ihm unserem Bedürfnis unter Umständen nicht nur vollständig genüge, sondern viel besser, viel inniger entspreche; daß glücklich sein keineswegs so ohne weitere Frage, ohne Sorge der Sinn der Welt, Ziel und Endzweck des Lebens sei usw.

»Warum marschieren Sie nicht einfach einmal fröhlich nach Italien? Italienischer Himmel und italienische Heiterkeit würden Ihnen sicher nicht schaden, sondern sicher nur nützlich sein.«

»Gewiß ist dies durchaus kein schlechter Gedanke«, sagte ich.

Inzwischen blieb mir die schöne Fremde vom Wald fortwährend im Kopf. Ich war ihr nah wie dem eigenen Wesen. Vertrauter konnte mir die eigene Seele nicht sein.

Ich ging unter die hohen Kastanienbäume zu den Schwänen, und indem ich die Anmut, den sanften Stolz, das prächtige Gefieder, die edle Haltung der schönen Tiere mit sorgsamer Aufmerksamkeit betrachtete, so vertiefte ich mich auch schon wieder auf das emsigste in allerlei Betrachtungen über die sonderbare, herrliche Frauenerscheinung, die mir fast nur wie ein hauchartiger, nebelhafter Traum vor den Augen, vor dem Gemüt schwebte, obwohl ich sie doch mit Augen tatsächlich gesehen und mit leibeigenen, körperlichen Händen auf das wärmste und unzweifelhafteste berührt hatte. Wie mich ihr Bild beständig begleitete, so vernahm ich auch unaufhörlich den Wohlklang ihrer dunklen, lieben, angenehmen Stimme. Der Gedanke an die schöne Seltsame und Rätselhafte glich dem eigenen Leben.

Atmen und an sie denken war für mich ein und dasselbe. An das Geländer gelehnt, studierte ich mit scheinbar größter Genauigkeit und fleißiger Achtsamkeit die hübschen schillernden Bewegungen des Wassers, sah jedoch dabei nur sie, die mich unwiderstehlich zu sich zog, die mein Dasein, Fühlen und Denken unumschränkt beherrschte.

Da es Abend und außerdem der Abend schön war, so spazierten unter dem wohltuenden Grün der Allee zahlreiche Spaziergänger und Spaziergängerinnen einher. Alles rund herum war in sonnigen, goldenen Hauch, in träumerischen, gedankenvollen Dunst gehüllt. Ich sah Frau Bandi kommen und ging ihr entgegen, um sie zu grüßen; mit dem Herzen aber war ich bei der andern, beim Geschöpf der Natur, bei der wundersamen Erscheinung vom Walde.

Frau Bandi und ich setzten uns auf eine augenblicklich durch weiter niemand benützte Ruhebank, worauf erstere sagte:

»Nicht wahr, Sie sahen hin und wieder, wie ich weinte, wie ich gänzlich verzagt und hoffnungslos gewesen bin, wie ich um einen verloren gegangenen holden Traum klagte, ein Liebenswertes, Lebenswertes, das mir auf immer entschwunden ist, beweinte. Sie haben mir wohl auch gesagt oder bisweilen zu verstehen gegeben, daß Sie mir zugetan seien. Würden Sie mir, wenn ich unmöglich länger zu leben, unmöglich mehr am Leben zu bleiben vermöchte, gänzlich verzweifelte, den Dienst erweisen, mich zu töten, wozu ich die Tapferkeit nicht fände, obwohl ich alsdann fest entschlossen wäre zu sterben? Und mit mir sterben? Möchten Sie, könnten Sie das?«

»Sagen Sie nicht so traurige Dinge, Wie ich fest überzeugt bin, wird es sich immer noch lohnen, geduldig und sanftmütig am Leben zu bleiben; denn ich denke, daß trotz des Unterganges von vielem Schönen Ihnen noch manche schöne Stunde blühen kann.«

In die Stimme, mit der ich dies sagte, versuchte ich so viel

Weichheit und zugleich so viel Achtung wie möglich zu legen. Vielleicht würde ich noch mehr haben sagen können; aber ich glaubte fühlen zu müssen, daß irgendein einfaches einziges Wort bei solcherlei Anlaß das beste sei. Außerdem meinte ich berechtigt zu sein, mir im stillen sagen zu dürfen: »Vielleicht meint sie es gar nicht so ernst.«

Sie stand auf und ging weg.

Rasch erhob auch ich mich und eilte, vom Verlangen getragen und durch Wiedersehensbegierde, die mich erfüllte, zum voraus schon freudig erregt, den steilen Rebberg hinauf. Wie eine weiße Fürstinnenerscheinung glänzte in der Ferne der abendlich blasse, geisterbleiche See. Rosig brennendes Abendgewölk schwebte über dem weitausgedehnten, spiegelblanken, schönen Wasser. Auf bekanntem Weg angelangt, sah ich sie gleich einem Gemälde oder einer Skulptur, als wenn sie schon die längste Zeit auf den späten Ankömmling geduldig warte, gelassen auf einem altertümlichen, zerrissenen Gemäuer sitzen. Meine Freude, sie wiederzusehen, glich dem Glück und dem Vergnügen, ihr in die groß wie tiefsinnige Fragen geöffneten Augen schauen und ihr die Hand darreichen zu dürfen. In ihrer sympathischen Ruhe, ihrem Stolz, ihrer Kraft glich sie einer Gestalt aus längst entschwundenen, goldenen Zeiten, und schien einer andern Zone als der unsrigen anzugehören. Die Kraft, die sie verkörperte, ähnelte an Unverblüht- und Unverblümtheit, folglich auch an Unverkommen- und Unverdorbenheit, wie an Ungekünstelt- und Unverwäschtheit der Güte, Schönheit, Nachgiebigkeit ihres mütterlichen und schwesterlichen, ebenso kräftigen wie süßen, himmlischguten Lächelns, das mich lüstete zu küssen, womit ich freilich auch den weichsten, wärmsten Menschen- und Frauenmund der Erde küssen mußte, was mir in keiner Weise verweigert wurde. Einen Hut trug sie nicht; in herrlich-phantastischwildem Strom stürzte ihr das Haar herab, das die Abendsonne mit Goldglanz überschüttete.

Langsam gingen wir zusammen wieder den alten Weg entlang in den gebüschreichen Wald hinein. Glücklich und in mir selbst gefestigt war ich wie nie. Auch sie sah mich gern, auch sie war mit sich selbst und mit mir zufrieden, das fühlte und sah ich deutlich.

Bald saßen wir wieder auf dem köstlichen, beliebten Moosplätzchen vom vorigen Mal, wo ich sie in aller behutsamen Bequemlichkeit umarmte und es mir an ihrer freundlichen, gutherzigen Brust, die mir wie das schönste, weichste Kopfkissen erscheinen wollte, behaglich machte. Mich an die liebe Figur umständlich anzuschmiegen, das Gesicht an das ihrige zu drücken, mir recht viel Zeit zu nehmen, sie so frei, so zärtlich, so inbrünstig wie möglich zu umhalsen, das und mancherlei anderes, ebenso Gutes tun zu können, dünkte mich ohne langes Herumsinnen und ohne daß ich Worte dafür fand, ein schwellendes in Segelschiffen schaukelndes Emporschwingen zum Ideal und folgerichtigermaßen ein Aufenthalt in Gegenden zu sein, wo Selige und Kummerlose wohnen, die sich an unaufhörlichen Freuden ergötzen.

Sie streichelte mir die Stirne, und während sie dies tat, sagte sie mir, wer sie sei, indem sie sprach:

»Ich heiße Marie und stamme aus dem Emmental. Vater und Mutter habe ich früh verloren, kam schon als Kind in fremder Leute Hände. Tüchtig arbeitete ich; denn ich bin stark. Bald kam mir alles, was ich sah und hörte, kalt, fremd und klein vor. Was die Leute Leben nennen, habe ich nie begriffen. Der Menschen kleines Weinen und kleines Lachen wurden mir fremder und fremder, unverständlicher und unverständlicher. An ihren raschen Freuden hatte ich keinen Teil; ihre Schmerzen vermochte ich nicht zu verstehen. Immer ruhig und gefaßt war ich. Weder Unruhe noch Angst kommen bis zu mir. Niemals hatte ich vor irgend etwas Angst. Die Menschen fingen an, vor mir auszuweichen, als wenn ich ein Geist sei; aber ich verlor die Ruhe nie und werde sie nie verlieren. Hier im Wald fühle ich mich wohl. Die Menschen mag ich nicht. Freilich wohne ich nicht hier im Wald, wie ich dir das letzte Mal sagte; ich wohne unten in der Stadt, in einer Seitengasse; immer aber zieht es mich hier hinauf, wo ich stehe oder sitze und den Tag verbringe. Auch du liebst den Wald.«

»Wie dich«, sagte ich.

»Nie habe ich geweint, bin aber«, fuhr sie fort, »auch nie besonders lustig gewesen. Von diesen Unterschieden, diesen vielerlei Dingen verstehe ich nichts. Immer ernst war ich, immer so, wie du mich siehst. Zornig oder traurig war ich nie. Immer gleich bin ich, und darum haben mich die Leute eine Gleichgültige genannt und mit bösen Augen angeschaut, obwohl ich keinem Menschen je Leides oder Böses zufügte. Die Menschen haben mich nie verstanden, sind deswegen böse geworden, haben mir gezürnt und mich fortgestoßen; denn sie wollen alles wissen und sogleich verstehen. Mein Schweigen, das ich wie den Himmel liebe, an den ich glaube, hat sie gegen mich empört. Ich habe sie mit meiner Ruhe, mit meinem Schweigen beleidigt, bin jedoch nicht aus Trotz ruhig und schweigsam gewesen. Nie habe ich mit meinem Wesen jemand kränken wollen. So geboren bin ich; aber die Leute meinen immer, daß man absichtlich so oder so sei. Mich kümmert das nicht viel, heute, wo du bei mir bist, schon ganz und gar nicht. Du bist gut und liebst mich und vertraust mir. Du bist ruhig und hast keine Angst vor mir.«

Schweigend und horchend saßen wir beieinander, bis alles rings um uns wieder finster war und sie leise sagte: »Geh jetzt nach Hause.«

Frau Bandi erzählte ich nichts von Marie, die ich überhaupt nicht erwähnte. Frau Bandi würde die Freude, die ich fühlte, und das Bedürfnis, das ich hatte, mit einer Frau wie Marie zu verkehren, sicherlich in keiner Weise verstanden haben. Auch würde ich sie mit Beschreiben von Maries

Schönheit, mit Auseinandersetzen alles dessen, was an einer andern reizend, anziehend und wertvoll für mich war, vermutlich nur haben verstimmen können, und das mochte ich nicht tun. Vielmehr mußte jedes Derartige sorgfältig vermieden werden. Irgend jemandes Eigenliebe und ganz natürliche Eitelkeit sich nicht scheuen zu verletzen, in dieser oder ähnlicher Hinsicht rücksichtslos, grob, unhöflich sein, halte ich und hielt ich Gott sei Dank stets für ebenso unzart wie unklug, für ebenso brutal wie töricht, für ebenso feig wie grausam. Genug, ich fand jedenfalls für ratsam, das Geheimnis meines Glückes vorsichtig für mich zu behalten. Es leuchtete mir ein, daß ich mich streng zu hüten habe, zartes Wissen preiszugeben und angenehmes, vielversprechendes Stillschweigen unbeobachtet zu lassen, Fehler, womit ich mir nur Ärger verschafft und Unwohlbefinden zugezogen haben würde, ohne den geringsten Nutzen zu stiften. Wenn die Einsicht vorhanden ist, daß mit Reden etwas Gutes, Liebes und Vorzügliches zerstört, dementsprechend mit Schweigen nicht das geringste Schädliche und Üble angerichtet wird, so schweigt man gern.

Marie war immer gleich schön und naturhaft, und die zahlreichen Stunden, die ich erbaulicher- wie vergnüglicherweise in ihrer Gesellschaft verbringen durfte, befriedigten mich in stets gleich hohem Maße.

Einmal ging ich zusammen mit Frau Bandi in der Waldumgebung spazieren, wo ich Marie, wenn ich auf Besuch zu ihr ging, anzutreffen pflegte, und da wollte es der Zufall, daß sie uns begegne. Sie trug diesmal seltsamer- und abenteuerlicher- oder launenhafterweise einen Fächer in der Hand. Das Handgelenk schmückten schimmernde, wenngleich offensichtlich billige Spangen. Wundersamer blauer Meerglanz strahlte ihr aus den freundlichen Augen. Das war in der Tat die Frau in Person, die für die Liebe und für das Glück eines Menschen geschaffen zu sein schien. Ihre siegesgewisse, doch auch wieder unendlich bescheidene

Miene glich dem Gesichtsausdruck einer Göttin. Leicht und groß zugleich; anmutig und zugleich fast ein wenig schwerfällig kam sie daher, die Schritte Musik und die Bewegungen Melodien, wieder ohne Hut und nur leicht gekleidet, wunderschönem Körper jegliche Freiheit gönnend.

Frau Bandi warf auf Marie nur zu rasch einen offenbar ungerechtfertigten Blick voll Abscheu und Verachtung. Indem ich mich von so unbedenklicher Geringschätzung und Unfreundlichkeit als Zeuge erblickte, tat mir jedoch nur die gebildete Frau leid, die mit Entsetzen und Wegwerfung auf das gute unwissende Kind der Natur schaute, dessen Erscheinung sie mißbilligen zu sollen meinte.

Zu Marie ging ich so oft, als ich irgendwie konnte; hörte aber darum keinesfalls auf, in Frau Bandi eine schätzenswerte, edle Weiblichkeit zu verehren, da mir beide Gegensätze, jeder nur eben auf seine besondere Art, insofern bedeutend erschienen, als mich zu Marie mehr das Herz zog, während mich an die Dame, die von Frau Bandi vergegenwärtigt wurde, mehr der Drang und der Wunsch nach Bildung fesselte.

Eines Tages aber war Marie verschwunden, ohne daß sie das leiseste Zeichen oder nur die geringste Spur zurückließ. Ihr Verschwinden von Ort und Stelle blieb mir unerklärlich. Es sah aus, wie wenn sie nie dagewesen wäre. Nur ein süßer Duft, ein Nachtigallenton, ein liebes Bild und eine Schmetterlingserinnerung, eine Erinnerung, die leise wie ein milder Abendwind war, blieben noch von ihr zurück. Ganze Tage streifte ich vergeblich in zaghaftem, unordentlichem Forschen, in einem traurigen Herumsuchen nach der Entschwundenen, in wirrem, bangem Bemühen, das keinerlei Resultat hatte, durch den Wald hin und her, der einer verlassenen Wohnung glich, aus welcher die Bewohnerin entflohen war.

Marie sah ich nicht mehr wieder, und da es mir ohnehin endlich Zeit für mich schien, in einige Beweglichkeit zu geraten und eine oder die andere Tätigkeit aufzusuchen, irgendeine feste Beschäftigung zu ergreifen und mich nachgerade wieder einmal an ein zielbewußtes Streben zu gewöhnen, so faßte ich den Entschluß, meine paar Sachen einzupacken, Abschied zu nehmen und zu verreisen.

»Wohin reisen Sie?« fragte Frau Bandi.

»Das weiß ich noch gar nicht recht. Nun! in irgendeine der Zentralen heutiger Zivilisation, Kultur, Arbeit, Entbehrung, verfeinerten Genusses, moderner Eleganz und Bildung, in eine der großen geräuschvollen Städte, wo ich sehen lernen werde, wie ich es anzufangen habe, mir unter den Mitmenschen einige Achtung und einiges Ansehen zu verschaffen.«

»Wollen Sie nicht noch einige Tage hier bleiben?«

»Nein.«

»Wird man Sie lange nicht mehr sehen?«

»Das kann sein.«

»Was werden Sie erleben? Wird es Ihnen gut gehen?«

»Das wird sich zeigen.«

»Treten Sie, wie ein guter Freund, nah zu mir heran und küssen Sie mich zum Abschied sanft und artig auf die Stirne.«

Indem ich tat, was sie wünschte, verabschiedeten wir uns. Mein Vater wünschte mir Glück und gute Reise; ich ihm Gesundheit und ein gutes Alter. Damit ging ich fort.

Aus Tobolds Leben

Die Wahrheit zu sagen, kam ich damals als Diener in ein Schloß, das einem Grafen gehörte. Es war zur Herbstzeit.

So viel ich mich erinnere, ließ ich es an Fleiß, Eifer und Aufmerksamkeit nicht im mindesten fehlen. Man war mit mir zufrieden. Im Anfang freilich noch nicht; anfänglich benahm ich mich ein wenig linkisch. Doch das wäre jedem andern wahrscheinlich ebenso gegangen.

Noch heute sehe ich mich gravitätisch im schönen Speisesaal stehen. Ein rechter Diener muß die Ruhe und zugleich die Achtsamkeit selber sein. Wie ich glaube, bin ich mit der Zeit allen Anforderungen, die man an mich stellte, und allen Obliegenheiten, die ich zu erfüllen hatte, vollkommen gerecht geworden. Man stellte mir ein sehr gutes Zeugnis aus.

Im Schloß selber war es sehr hübsch. Für einen einfachen bürgerlichen Menschen haben Schlösser natürlich schon als solche einen starken Zauber. Du liebe Zeit, was ich bisher gesehen hatte, waren mehr oder minder schöne Stuben; jetzt aber warf ich meine Blicke in Säle, und in was für hohe und prächtige.

Ein schönes Gemach reihte sich an das andere. Es gab sozusagen innere sowohl wie äußere Gemächer.

In großen und vornehmen Häusern pflegen die Diener während des Essens in bescheidener aber sicherer Haltung dicht hinter der speisenden Herrschaften Stühlen stillzustehen. Es ist dies so Sitte. Man kann es als eine Art guten Ton oder Stil betrachten. In solchen Augenblicken stand ich wie eine Statue da, war aber im nächsten Augenblick wieder höchst lebendig und tätig.

Reizend fand ich am Eßzimmer die hohen, schlanken Flügeltüren, die, sobald die Herren sich näherten, geöffnet, nach Eintritt jedoch sogleich wieder sorgfältig zugeschlossen werden mußten.

Im ganzen weitläufigen Schloß war ein Duft von Vornehmheit verbreitet, der wohl in erster Linie von der großen Stille herrührte, die in allen Gängen und Gemächern herrschte. Der Graf selber trat leise auf; um wieviel mehr seine Diener.

Der Graf war ein feiner Mensch. Schlank und groß von Figur, besaß er ein Gesicht von echt aristokratischer Häßlichkeit. Ihn ansehen, hieß fürchten, ihm zu mißfallen.

Der Kastellan, der gegenüber jedermann ungemein frech war, zitterte, wenn er nur von weitem des Grafen Stimme hörte, die hart wie eines gebornen Befehlshabers Stimme klang. Aber der Graf war gut. Wenn ich ihn mir gelegentlich heimlich anschaute, machte er mir den bestimmten Eindruck hoher Güte.

Er war Junggeselle, ein Umstand, worüber sich die Dorfleute lebhaft beklagten.

Das Dorf war süß. Ich fühlte mich sofort heimisch in ihm; denn es erinnerte mich aufs schönste an die Dörfer meiner Heimat. Ich glaube, daß alle Dörfer auf der ganzen Welt einander ähnlich sind. Die Dorfgasse oder Hauptgasse lag voll gelber Blätter, und wie gern saß ich, sobald ich freie Zeit hatte, in der Wirtschaft zum »Deutschen Kaiser«, wo das Bier doch eigentlich ganz miserabel war. Trotzdem trank ich es mit dem größten Genusse.

Die alten Dorfmütterchen glichen den Dorffrauen aus meinem Heimatland fast aufs Haar, ebenso die bescheidenen Gärten.

Vom Schloß kann ich sagen, daß es aus der Zeit des Dreißigjährigen Krieges herstammte.

Saß ich abends, d. h. zur Nachtzeit, bei der Lampe in meinem Zimmer zu ebener Erde, dessen Fenster ich offen zu halten liebte, so geschah es, daß plötzlich ein alter Mann davorstand, der behaglich zu mir hereinschaute. Das war der Nachtwächter.

Wie oft plauderte er mit seiner verrauchtabakten Stimme mit mir, und wie oft gab ich ihm für die Unterhaltung, die er mir bot, einen Groschen. Vielleicht sind die Groschen schuld gewesen, daß er aus dem Dienst gejagt wurde, was eines Tages geschah, weil er gänzlich betrunken war. Aber ich meinte es mit dem armen alten Mann nur gut.

Oft wenn ich so im Zimmer ganz allein am Tisch saß und in einem Buch, das ich mir heimlich aus der gräflichen Bibliothek geholt hatte, eifrig las, so regnete es im schwarzen, nächtlichen Park draußen. Ich liebte das leidenschaftlich. Was ich aber weniger liebte als vielmehr verwünschte, war mein Feldbett, das mich nur zu oft aus dem besten Schlafe schnellte.

Werde ich je vergessen, wie ich den Grafen zum erstenmal sah?

Wir vier Diener, der Kastellan, der Kammerdiener, der erste und zweite Diener, warteten an der Eingangstüre bei Lampenlicht, in finsterer Nacht, auf die Ankunft des Herrn. Der Wagen, gegen den sich die vier mit, ich möchte sagen, stilisiertem Eifer werfen, fährt vor. Eilig wird die Wagentür aufgerissen, worauf sich der Graf von seinen Dienern herausgehoben sieht, als wenn er krank und mithin unfähig gewesen sei, sich selber zu stützen, was doch ganz gewiß nicht der Fall war.

Solchermaßen sah ich zum erstenmal im Leben das Bild eines großen Herrn, und nun wußte ich, wie Grafen, wenn sie nachts von einer Reise heimkehren, von ihren Dienern empfangen zu werden pflegen.

Ein anderes Mal, da ich um die Mittagsstunde müßig im Zimmer auf dem Ruhbett saß, ging die Türe auf. In Begleitung einer Dame, der er die Stube offenbar zu zeigen wünschte, stand der Graf vor mir. Schnell stand ich auf. Dem Grafen beliebte es, wie auf eine Art Sehenswürdigkeit des Schlosses, auch auf mich hinzuweisen. Die Frau lächelte sehr menschenfreundlich. Hierauf entfernten beide sich wieder.

Im Park standen die schönsten Bäume, und da es Herbst war, so war ringsumher, so weit und breit man schauen mochte, alles gelb, braun und goldig, und über den Bäumen lag ein Himmel von wunderbar frischer klarer Bläue. Irre ich mich oder habe ich wirklich nie einen so schönen milden Herbst gesehen?

Wieviel frische gute Herbstluft atmete ich mit Wonne ein,

und wie schaute ich abends, wenn ich im Park herumstand, beglückt, befriedigt, beruhigt zum Mond hinauf.

Dies und ähnliches darf ein Diener zu seinem Privatvergnügen sehr wohl tun. Niemand verbot mir, Freude an der Landschaft zu haben, hatte ich doch ebensoviel, wenn nicht noch mehr Freude an meiner beruflichen Pflicht, wie z. B. an meinen Lampen.

Wenn mich jemand fragen wollte, was ich im Schloß besonders Interessantes erlebt haben könnte, so würde ich antworten, daß mein Erlebnis im allgemeinen sowohl wie im besondern darin bestand, mir merken zu dürfen, daß man mich als arbeitsamen, brauchbaren jungen Mann ansah. Für mich war das eine große Freude und starke Genugtuung. Belustigt könnte ich beifügen, daß ich in einem von zwei bis drei Zimmermädchen eine sehr interessante Person kennenlernte. Aufrichtig gestanden, ist dies jedoch wahrscheinlich nur ironisch gemeint.

Abenteuerlich, erlebnishaft und höchst interessant war für mich schon überhaupt nur der Umstand, daß ich Diener war und als solcher einigermaßen meine Sache recht machte. Ein Diener hat mehr schlicht und redlich zu dienen, als irgend etwas zu erleben, weder selber interessant zu sein, noch die, denen er dient, interessant zu finden, sondern ganz einfach nur höchst aufmerksam seine Arbeit zu verrichten und sich zu bestreben, daß man zufrieden mit ihm sei. So ungefähr faßte und fasse ich die Lage auf, worin ich lebte.

Interessant erschienen mir die Lampen, die ich putzte, und nichts kam mir so abenteuerlich, merkwürdig und ungewöhnlich wie der Fußboden vor, den ich säuberlich zu polieren hatte. So denke ich z. B. stets lebhaft an ein Stück dunkelglänzenden Fußboden zurück, worauf ein Fleck gelbe Sonne schimmert. Derartige Dinge sind es, die ich schön und anziehend fand.

Ein richtiger Diener ist still, schweigsam, fleißig und bescheiden, sagt höflich gute Nacht und guten Tag; aber es ist nichts in ihm, das nach sonderbaren Erlebnissen trachtet. Er wird eher nach einem guten Trinkgeld als nach eigentümlichen, aufregenden Vorfällen trachten, die für seine einfache Seele keinerlei Wert haben können.

Im übrigen bin ich der Meinung, daß sich jedermann nach bedeutenden Erlebnissen vernünftigerweise nicht so sehr zu sehnen wie vielmehr davor zu fürchten habe, da doch tägliche Ruhe und täglicher Frieden bis jetzt noch immer das Beste auf der Welt geblieben sind.

Wenn ich im Schloß etwas in der Tat Bedeutendes erlebte, so waren dies sicherlich die Kohlen, die ich in Eimern aus dem Kohlenkeller heraufholte, wobei ich mich regelmäßig schwarz zu machen pflegte, was der Kastellan die Frechheit besaß zu rügen. Unverschämt genug gab ich ihm auf die Frage: »Tobold, wie sehen Sie aus?« zur Antwort, daß sich, wer mit Kohlen umgehe, notwendigerweise schwarz machen müsse.

Sonst aber ging alles fein und friedlich zu, und das Essen schmeckte mir, ich vermag gar nicht zu sagen, wie gut.

Der Kammerdiener fiel durch unnahbares Wesen auf. Er benahm sich stolzer als der Graf selber. Um darzutun, was sie sind, brauchen wahrhaft große Herren nur harmlos aufzutreten; sie haben nicht nötig, viel Stolz zu zeigen. Großtuerisches Gehaben steht ohne Zweifel kleinen Menschen weit besser an als großen.

Wie zart und sorgsam setzte der Graf seinen Fuß auf den eigenen Grund und Boden. Sehr begreiflich; denn er schätzte hoch, was er besaß. Derlei Leuten ist es unmöglich, sich zu Hause weniger fein zu betragen als in der Fremde.

Von ihm ging denn auch all die edle Stille aus, die so zart, gleich einem Blumenduft und -hauch, durch die Räumlichkeiten des Schlosses wehte.

Wen der Graf anschaute oder anredete, der war glücklich,

wenn im Blick einige Güte und im Wort einige Freundlichkeit lag.

Der Graf war mitunter boshaft und spöttisch, natürlich aber nur gegenüber seinesgleichen. Mit solchen, die tiefer stehen als wir und uns gehorchen, gehen wir milder um als mit solchen, die uns ebenbürtig sind. Einem Diener braucht man die Zähne nicht zu zeigen.

Flüchtig erwähne ich die Stunde, wo man mich in einen alten schwarzen Frack steckte, sowie die Art, wie man mich dabei hin- und herdrehte, damit ich von allen Seiten gehörig beschaut werden könnte. Der Frack saß mir wie neu, und ich machte mich selber gern glauben, daß ich sehr vorteilhaft darin aussehe. Es war der erste Frack, den ich im Leben trug. Auf seinen Knöpfen stand das gräfliche Wappen.

Eines Morgens lief ich, wegen einer kleinen Änderung, ins Nachbardorf zum Schneider. Wenn ich mir den reizenden Morgenspaziergang, der mich durch Wald und über schimmernde Felder führte, wieder in Erinnerung zurückrufe, so ist's mir fast, als sei es erst gestern gewesen!

Wie genoß ich da die fröhliche, liebe Morgenkühle! Wie freudig bin ich gelaufen. Streckenweise rannte und hüpfte ich vor lauter Lustigkeit und Begeisterung. Schwärmerei, ach wie bist du göttlich! Fröhlich, glücklich und mutig, ja sogar sehr wahrscheinlich übermütig war ich an sämtlichen Gliedern, von oben bis unten, innen im Herzen, an Arm und Beinen, an den Händen, im Kopf drin, an den Füßen und bis in die Fingerspitzen hinein. O Wonne!

Ja, es gibt Stunden im Leben, wo wir gar nicht begreifen können, warum wir so guter Dinge sind. Munterkeiten stellen sich weder auf Befehl noch auf Wunsch ein; sie sind plötzlich da, können aber ebenso eigensinnig, wie sie herbeizufliegen kamen, wieder verschwunden sein.

Vom Schloßgärtner läßt sich sagen, daß er ein bildhübsches Töchterchen hatte. Er selber war öfters recht sehr verdrießlich, und zwar scheinbar leider Gottes deshalb, weil offenbar der Herr Graf, wie der Herr Gärtner vielfach sagte, des Herrn Gartenkünstlers Leistungen wahrscheinlich viel zu wenig würdige.

Da ich eigenes Rasierzeug entbehrte, so mußte ich öfters ins Dorf hinab zum Dorffriseur springen, in welchem ich einen unzufriedenen, abgehärmten und darum freilich eigenartigen Gesellen kennenlernte, der später Zuckerdiebstahls wegen verklagt, verhört, verurteilt und zu trauriger, wenn auch erfreulicherweise nicht lebenslänglicher Kerkerhaft verknurrt wurde.

Immer war das bescheidene, arme Dörfchen höchst lieblich.

Nach und nach kam der Winter.

Bald war das ganze Schloß voller Gäste, bald war wieder alles still, derart, daß wir Leute vor lauter Arbeit bald alle Hände oder Fäuste voll, vor lauter Arbeitslosigkeit bald aber wieder überhaupt nichts mehr zu schaffen hatten.

Erinnerung an »Hoffmanns Erzählungen«

Ich lebte in der Abgelegenheit ländlicher, provinzlicher Stille auf plattem Land, wo Felder und Wälder stumm und still herumliegen, Flächen und Ebenen endlos scheinen, weite, breite Gegenden oft nur wie dünne Streifen sind, ausgedehnte Ländereien ruhig beieinander schlummern.

Braunes, gelbes, rotes Herbstlaub, Nebel, der die winterliche Erde geheimnisvoll einschleierte; große, nasse, dicke Schneeflocken, die in einen morgendunklen Hof hinabfielen, einen weißverschneiten Park, ein Winterdorf mit Dorfburschen und -frauen und mit Gänsen auf der Dorfstraße hatte ich gesehen.

Eine arme, kranke, von aller Welt verlassene, unglückliche

Taglöhnerin hatte ich im jämmerlichen Leidenbett liegen sehen und seufzen hören.

Wälder, Hügel, Ebenen still und wortlos in dumpfem, gedämpftem Wintersonnenglanz. Hie und da ein vereinzelter Mensch, ein unbedeutendes, kleines Wort, ein einsames Geräusch.

Eines Tages fuhr ich aus all dieser Entlegenheit, aus all dieser Stille weg und hinein in den verführerischen Glanz der Hauptstadt, wo ich bald darauf in der Komischen Oper »Hoffmanns Erzählungen« sah.

Recht wie ein staunender Bauernbursche kam ich mir inmitten glänzenden Rausches, sinnbetörenden, graziösen Getümmels und versammelter, blendend eleganter Welt vor.

Als es aber im hohen Hause still wie in einem von Träumereien und Seelen-Einbildungen erfüllten Kämmerchen wurde, Tongewalt und Tonkunst ihren Göttermund öffneten, zu singen und tönen und klingen begann, zuerst die Ouvertüre, die sich mit hellen und dunklen, frohen und ernsten Melodien in alle Seelen schmeichelte, um sie einengend und von Beengung befreiend mit Himmelsglück zu umstricken, dann von Künstler- und Künstlerinnenlippen weicher, warmer Gesang erschallte, Bilder voll zarter, edler Zauberfarben und Zauberfiguren, Auge und Geschmack entzückend, einander leicht und glücklich ablösten, Musik und Malerei sich auf die schönste Art aller Herzen, Augen und Ohren bemächtigten, alles plötzlich mäuschenstill wurde, dann von neuem wieder tönte, als wenn es nie wieder so schön zu tönen und mit so viel erwünschter, angenehmer Gewalt zu bezwingen aufhören wollen würde; Schmerz und Freudeklänge, um das Abenteuer des Daseins widerzuspiegeln, den Sinn des Lebens zu veranschaulichen, so süß und munter die Tonleiter wie Engelsgestalten an der Himmelsleiter auf- und niederstiegen:

O da war alles rings um die feuchten, heißen Augen und

im Herzen königlich schön und reich. Alles Leben konnte jetzt entweder völlig aufhören oder gänzlich neu beginnen.

Welche Gegenwart war das! Tausende von Stunden strömten in diese eine. Ja, das war ein schöner, guter, bedeutender Abend.

Der neue Roman

Ungemein schätzenswerte, gute, brave, liebe Leute waren es; nur fragten sie mich unglücklicherweise immer nach dem neuen Roman, und das war fürchterlich.

Traf ich auf der Straße einen bekannten schätzenswerten Menschen an, so sagte und fragte er: »Was macht Ihr neuer Roman? Zahlreiche begierige Leute freuen sich zum voraus und sind schon heute gespannt auf Ihren neuen Roman. Nicht wahr, Sie ließen doch freundlich durchblicken, daß Sie einen neuen Roman schreiben. Hoffentlich erscheint er bald, der neue Roman.«

Ich Unglücklicher, ich Bedauernswürdiger!

Freilich hatte ich allerhand Andeutungen gemacht. Es ist wahr. Ich war so unklug und unvorsichtig gewesen, durchblicken zu lassen, daß mir unter der Feder oder unter dem Federhalter ein neuer großer Roman hervorfließe.

Jetzt saß ich in der Tinte. Verloren war ich!

Entsetzlich war mein Zustand, ungeheuerlich meine Lage.

Ging ich in Gesellschaft, so hieß es bald aus dieser, bald aus jener Ecke: »Wann kommt denn endlich Ihr neuer, starker Roman?«

Ich war nahe daran in Ohnmacht zu fallen.

»Wenn es mir doch nie eingefallen wäre, durchblicken zu lassen, daß ein neuer Roman im Wachsen und Blühen sei«, rief es voll Verzweiflung in mir.

Mein Ärger war so groß wie meine Scham. Nur mit Überwindung einer Art von Grauen wagte ich noch dann und wann in den Häusern aufzutreten, deren Annehmlichkeiten und Gastlichkeiten mich ehedem entzückten.

Für meinen Verleger, einen in jeder Hinsicht schätzenswerten Menschen, war ich nachgerade zur Zielscheibe größtkalibriger Sorgen geworden. Wenn ich bei ihm saß, so pflegte er mich, als wenn ich in seinen Augen ein Entsetzenskind sei, regelmäßig ganz traurig und tief niedergeschlagen anzuschauen. Jedermann wird leicht begreifen, daß mich das empörte.

Für den schätzenswertesten Menschen der Welt war ich zum Gegenstand der Wehmut und Nachdenklichkeit geworden.

Sanft und hoffnungslos, mit leiser, stiller Begräbnisstimme, als handle es sich um gänzlich aussichtslose Dinge, fragte er:

»Was macht Ihr neuer großkalibriger Roman?«

»Er schreitet langsam vorwärts; er rückt vor«, gab ich tonlos zur Antwort.

Ich glaubte aber selber nicht an meine Worte, und der schätzenswerteste der Menschen glaubte ebensowenig daran. Matt, müde, entsagungsvoll lächelte er.

So und ähnlich lächelt nur ein Mensch, der zu verstehen geben will, daß er entschlossen sei, auf alles Glänzende zu verzichten.

Einmal sagte er:

»Wenn Sie mir den neuen erfolgreichen Roman nicht bringen, so hat es wenig oder keinen Wert, daß Sie zu mir kommen. Der Anblick eines Romanschriftstellers, der mir seinen neuen umfangreichen Roman, statt tatsächlich zu liefern, immer nur zu liefern verspricht, tut mir weh, und deshalb möchte ich Sie bitten, so lange zu zaudern, mich zu besuchen, bis Sie imstande sind, mir den neuen und guten Roman auf den Tisch zu legen.«

Ich war zerschmettert.

»Oh, wenn ich doch nie hätte durchblicken lassen, daß mir ein neuer, respektabler Roman entstehe. Ach, daß es mir doch lieber nie hätte einfallen wollen, zu versprechen, was ich nicht liefere und auf den Tisch lege. Wenn ich doch lieber nimmermehr zu verstehen gegeben hätte, daß ein ebenso schöner wie spannender und langfädiger Roman bald im Anzuge sei und vermutlich ziemlich bald erscheine.«

So rief ich laut aus, so klagte ich, und ich fühlte mich vernichtet.

In reichem Maße lernte ich das Elend kennen, das ein Romanschriftsteller zu erleben bekommt, der seinen neuen, erstaunlichen und packenden Roman mehr zu liefern treuherzig verspricht als wirklich und wahrhaftig auf den Tisch legt und liefert, der denselben mehr durchblicken läßt und in Aussicht stellt als schreibt.

In der Gesellschaft und unter den schätzenswerten Leuten, die gewöhnt sind, einen Romanautor nach seinem neuen Roman zu fragen, durfte ich mich nicht mehr blicken lassen. Bald jedoch machte ich dem beklemmenden, beklagenswerten Zustand dadurch ein jähes Ende, daß ich eines Tages sozusagen verduftete und abreiste.

Das Talent

Einmal war ein Talent, das tagelang im Zimmer saß, zum Fenster hinausschaute und den Faulenzer spielte.

Das Talent wußte, daß es ein Talent sei, und dieses dumme, unnütze Wissen gab ihm den ganzen Tag zu denken.

Leute von Rang hatten dem armen, jungen Talent viel Schmeichelhaftes gesagt und ihm dementsprechend auch Geld gegeben. Reichen Leuten macht es in ihrer edlen Freigebigkeit bisweilen Vergnügen, ein Talent zu unterstützen; sie erwarten aber dafür von dem Monsieur Gottesgnade, daß er auch ordentlich dankbar und artig sei.

Unser hervorragendes Talent hier war jedoch durchaus nicht dankbar, artig und höflich, sondern das reine Gegenteil, nämlich frech.

Geld nehmen, weil man ein Talent ist, und dazu noch frech sein, ist wirklich der höchste Gipfelpunkt der Frechheit. Lieber Leser, ich sage dir: solch ein Talent ist ein Scheusal, und ich bitte dich: trage nie irgend etwas zu seiner Förderung bei.

Unser Talent hier hätte artig und manierlich in Gesellschaft gehen sollen, um Damen und Herren possierlich und talentvoll zu unterhalten; es verzichtete aber auf eine so anstrengende Pflichterfüllung herzlich gern, saß viel lieber zu Hause, wo es sich die Langezeit mit allerlei eigensüchtigen und eigensinnigen Einbildungen vertrieb.

Elendiglicher, abscheulicher Halunke! Welch ein Stolz, welche Lieblosigkeit, welch ein hoher Grad von Mangel an Bescheidenheit ist das!

Jeder, der Talente unterstützt, läuft früher oder später Gefahr, einen Revolver dicht vor sich auf den Tisch legen zu müssen, um allfällige Überfälle mit geladener und gespannter Waffe abwehren zu können.

Wenn ich mich nicht irre, so schreibt ein Talent seinem gütigen, edelherzigen Geldgeber eines Tages folgenden Brief:

»Sie wissen, daß ich ein Talent und als solches fortgesetzt unterstützungsbedürftig bin. Wo nehmen Sie den Mut her, mein Herr, mich im Stich und infolgedessen zugrunde gehen zu lassen? Ich glaube ein Recht auf weitere fette Vorschüsse zu haben. Wehe Ihnen, vollkommen Unglücklichem, wenn Sie mir nicht umgehend so viel schicken, daß ich fernerhin den Tagedieb machen kann. Doch ich weiß, daß Sie keineswegs tollkühn sind und daher gewiß nicht wagen werden, gegenüber ruchlosen, räuberischen Forderungen unempfindlich zu sein.«

Solche und ähnliche reizende Briefe erhält mit der Zeit

jeder liebenswürdige Geber und Gönner, und deshalb rufe ich laut aus: einem Talent darf man weder irgend etwas geben noch irgend etwas gönnen.

Unser Talent hier sah wohl ein, daß es etwas schaffen müsse; aber es trieb sich lieber in den Straßen herum und tat nichts.

Aus einem sattsam anerkannten und gepriesenen Talent wird eben mit der Zeit ein sehr bequemer Herr.

Aus eigenen Gewissensbissen raffte sich das Talent endlich doch noch sozusagen aus dem talentreichen Schlendrian auf. Es gab sich an die Welt preis, d. h. es wanderte auf und davon, und fern von allen Unterstützungen wurde es wieder es selber.

Indem es vergessen lernte, daß irgend jemand verpflichtet sei, ihm Förderungen zuteil werden zu lassen, gewöhnte es sich daran, für sein Treiben und Leben wieder sich selbst verantwortlich zu machen.

Aufschwung zur Redlichkeit wie Anwandlung, tapfer zu sein, kennzeichneten es, hoben es empor, und man glaubt, daß es einzig nur deswegen nicht erbärmlich zugrunde ging.

Frau Wilke

Eines Tages, da ich mich auf der Suche nach irgend geeignetem Zimmer befand, trat ich in ein außerhalb der großen Stadt, dicht an der Stadtbahnlinie gelegenes, seltsames, zierliches, ältliches und wie mir schien, ziemlich verwahrlostes Haus hinein, dessen Äußeres mir um seiner Absonderlichkeit willen sogleich ungemein gefiel.

Im Treppenhaus, das ich langsam bestieg, und das hell und breit war, duftete und klang es wie nach einstiger Eleganz.

Sogenannte ehemalige Schönheit ist für manche Menschen außerordentlich anziehend. Ruinen haben etwas Rührendes. Vor den Überbleibseln des Edlen muß sich unser denkendes, fühlendes Inneres unwillkürlich verbeugen. Die Reste dessen, was einst vornehm, fein und glänzend war, flößen uns Mitleid, zugleich aber auch Respekt ein. Vergangenheit, Verfallenheit, wie seid ihr bezaubernd!

An einer Türe las ich den Namen Frau Wilke.

Hier klingelte ich zart und behutsam an. Als ich jedoch einsehen mußte, daß das Klingeln nutzlos sei, weil niemand kommen wollte, so klopfte ich, und jetzt näherte sich jemand.

Äußerst vorsichtig und langsam öffnete jemand die Türe. Eine hagere, magere, große Frau stand vor mir, die mich mit leiser Stimme fragte:

»Was wünschen Sie?«

Die Stimme klang seltsam trocken und heiser.

»Darf ich das Zimmer hier besichtigen?«

»Ja, bitte, recht gern. Kommen Sie!«

Die Frau führte mich durch einen eigentümlichen dunklen Gang zu dem Zimmer, das mich durch seinen anmutigen Anblick sogleich entzückte. Der Raum war gewissermaßen fein und edel, vielleicht etwas schmal, dafür aber verhältnismäßig hoch. Nicht ohne eine Sorte von Zaghaftigkeit erkundigte ich mich nach dem Preis, der durchaus mäßig war, weshalb ich mich nicht lange besann, sondern das Zimmer ohne weiteres mietete.

Daß ich das tun durfte, stimmte mich froh; denn ich fühlte mich infolge vielleicht etwas sonderbarer Gemütsverfassung, die mich seit einiger Zeit stark belästigte, ungewöhnlich müde und sehnte mich nach Ruhe. Allen Suchens und Tastens überdrüssig, herabgestimmt und mißmutig, wie ich war, mußte mich jeder annehmbare Stützpunkt freuen, und der Frieden eines Ruheplätzchens konnte mir unmöglich anders als aufrichtig willkommen sein.

»Was sind Sie?« fragte die Dame.

»Dichter!«, gab ich zur Antwort.

Schweigend entfernte sie sich.

»Ein Graf, dünkt mich, könnte hier wohnen«, plauderte ich, indem ich meine neue Heimat sorgfältig musterte, mit mir selber.

»Dieser bildhübsche Raum«, sagte ich, indem ich mein Selbstgespräch fortsetzte, »besitzt ohne Frage einen hohen Vorzug: er ist sehr abgelegen. Still ist es hier wie in einer Höhle. In der Tat: hier kann ich mich verborgen fühlen. Mein inniger Wunsch scheint in Erfüllung gegangen zu sein. Das Zimmer ist, wie ich sehe oder zu sehen glaube, sozusagen halb dunkel. Dunkle Helligkeit und helle Dunkelheit schwimmen hier herum. Das finde ich höchst lobenswürdig. Laß sehen! Bitte, inkommodieren Sie sich keineswegs, mein Herr. Die Sache eilt durchaus nicht. Nehmen Sie sich Zeit, so viel Sie wollen! Hängt hier nicht die Tapete stellenweise in traurigen, wehmütigen Fetzen an der Wand herunter? Ganz gewiß! aber gerade das entzückt mich, denn ich liebe einen gewissen Grad von Zerlumptheit und Verwahrlosung sehr. Die Fetzen können ruhig hängen bleiben; um keinen Preis gestatte ich, daß sie weggenommen werden, da ich in jeder Hinsicht mit ihrer Existenz einverstanden bin. Wie ich gern glauben möchte, hat hier einst ein Baron gehaust. Offiziere haben hier vielleicht Champagner getrunken. Die Gardine am Fenster, das hoch und schlank ist, scheint alt und staubig; aber ihr hübscher Faltenwurf zeugt von Geschmack und beweist Sinn für Zierlichkeit. Draußen im Garten, dicht vor dem Fenster, steht eine Birke. Hier wird mir im Sommer das Grün ins Zimmer hereinlachen, und auf den süßen zarten Zweigen werden sich zu ihrem eigenen wie zu meinem Vergnügen allerlei Singvögel aufhalten. Wundervoll ist dieser alte, edle Schreibtisch, herstammend aus verschollenen, feinsinnigen Zeiten. Wie ich vermute, werde ich hier Aufsätze, Skizzen, Studien, kleine Geschichten oder sogar Novellen schreiben, um solche mit der dringlichen Bitte um gütige und schleunige Veröffentlichung an vielerlei gestrenge, geehrte Redaktionen von Zeitungen und

Zeitschriften zu senden, so z. B. an die »Pekinger Neuesten Nachrichten« oder den »Mercure de France«, wo mir sicherlich Erfolg blühen wird.

Das Bett scheint ordentlich zu sein. Von diesbezüglichen, peinlichen Untersuchungen will und soll ich absehen. Einen recht merkwürdigen, gespenstischen Hutständer erblicke und bemerke ich hier, und der Spiegel dort über dem Waschtisch wird mir jeden Tag treulich sagen, wie ich aussehe. Hoffentlich wird das Bild, das er mich schauen lassen wird, stets schmeichelhaft sein. Das Ruhebett ist alt; folglich angenehm und passend. Neue Möbel stören leicht, weil Neuheit aufdringlich wirkt und uns im Weg ist. Eine holländische und eine Schweizerlandschaft hängen, wie ich zu meiner freudigen Genugtuung sehe, bescheiden an der Wand. Bestimmt werde ich diese zwei Bilder vielfach mit großer Aufmerksamkeit betrachten. Was die Luft in diesem Gemach betrifft, so möchte ich immerhin für glaublich halten oder lieber sogleich als ziemlich sicher voraussetzen, daß hier schon geraume Zeit nicht mehr an regelrechtes und scheinbar durchaus erforderliches Lüften gedacht worden ist. Es riecht hier unbedingt nach Moder; aber ich finde das interessant. Schlechte Luft einzuatmen gewährt einen gewissen eigentümlichen Genuß. Im übrigen kann ich ja tage- und wochenlang das Fenster offen lassen; dann weht mir schon das Rechte und Gute in die Stube herein.«

»Sie müssen früher aufstehen. Ich kann nicht dulden, daß Sie so lange liegen bleiben«, sagte mir Frau Wilke. Sonst sagte sie nicht viel zu mir.

Ich lag nämlich tagelang im Bett.

Mit mir stand es nicht gut. Verfall umgab mich. Ich lag wie in Schwermut; kannte mich, fand mich nicht mehr. Alle meine ehemals klaren, heiteren Gedanken schwammen in düsterer Verworrenheit und Unordnung. Das Bewußtsein lag mir wie zerschmettert vor den trauernden Augen. Die Gedanken- und Gefühlswelt durcheinandergeworfen. Alles tot, leer und hoffnungslos vor dem Herzen. Keine Seele und keine Freude mehr, und zu erinnern vermochte ich mich nur noch schwach, daß es Zeiten gab, wo ich fröhlich und mutig, gutherzig und zuversichtlich, gläubig und glücklich war. Wie schade, wie schade! Vor und neben dem Kopf und rings herum nicht eine Spur von Aussicht mehr.

Trotzdem versprach ich Frau Wilke, früher aufzustehen, und in der Tat fing ich denn auch wieder an, fleißig zu arbeiten.

Oft ging ich in den nahegelegenen Tannen- und Föhrenwald, dessen Schönheiten, wundervolle, winterliche Einsamkeiten mich vor beginnender Verzweiflung zu bewahren schienen. Unbeschreiblich freundliche Stimmen riefen mir von den Bäumen herab zu: »Nicht in die finstere Meinung darfst du fallen, daß auf der Welt alles hart, falsch und böse sei. Komm nur oft zu uns; der Wald meint es gut mit dir. Im Umgang mit ihm sollst du gesund und munter werden und wieder auf höhere, schönere Gedanken kommen.«

In die Gesellschaft, d. h. dorthin, wo sich die Welt zusammenfindet, die die Welt bedeutet, ging ich nie. Ich hatte dort deshalb nichts zu suchen, weil ich erfolglos war. Leute, die unter Leuten keinen Erfolg finden, haben bei Leuten nichts zu suchen.

Arme Frau Wilke, bald darauf starbest du.

Wer selber arm und einsam gewesen ist, der versteht andere Arme und Einsame nachher um so besser. Wir sollten unsern Mitmenschen wenigstens verstehen lernen, da wir sein Unglück, seine Schmach, seinen Schmerz, seine Kraftlosigkeit und seinen Tod nicht zu verhindern vermögen.

Eines Tages flüsterte mir Frau Wilke zu, indem sie mir Hand und Arm darreichte:

»Fassen Sie das an. Das ist eiskalt.«

Ich nahm die arme, alte, magere Hand in die meine. Die Hand war eiskalt.

Frau Wilke schlich in ihrer Wohnung nur noch wie ein Gespenst herum. Niemand kam zu ihr. Tagelang saß sie allein im kalten Zimmer.

Einsam sein: eisiger, eiserner Schrecken, Vorgeschmack des Grabes, Vorbote mitleidlosen Todes. O, wer selber einsam war, dem kann jemandes anderen Einsamkeit unmöglich fremd sein.

Wie ich zu begreifen begann, hatte Frau Wilke nichts mehr zu essen. Die Hausbesitzerin, die nachher die Wohnung übernahm und mich in meinem Zimmer weiterwohnen ließ, brachte freilich der Verlassenen jeden Mittag und Abend aus Gutherzigkeit eine Tasse Fleischbrühe, aber nicht lange und so verblich Frau Wilke. Sie lag da und bewegte sich nicht mehr, und bald wurde sie ins städtische Krankenhaus getragen, wo sie nach drei Tagen starb.

Eines Nachmittags, kurz nach ihrem Tode, trat ich in ihr leeres Zimmer, das die gütige Abendsonne mit rosigheller, fröhlicher Zärtlichkeit verzierte. Da sah ich die von der armen Dame bisher getragenen Sachen auf dem Bett liegen, den Rock, den Hut, den Sonnen- und Regenschirm und am Boden die kleinen, zarten Stiefel. Unsagbar wehmütig machte mich der seltsame Anblick, und da mir so eigentümlich zu Mut war, kam ich mir selber beinahe wie gestorben vor, und das ganze inhaltreiche Leben, das mir vielmal so groß und schön erschien, war dünn und arm zum Zerspringen. Alles Vergängliche, Vorüberschwindende war mir näher als je. Lange schaute ich die nun herrinlos und nutzlos gewordenen Sachen und das goldene, vom Abendsonnenlächeln verherrlichte Zimmer an, bewegte mich nicht und begriff nichts mehr. Nach einer Weile stummen Stillstehens jedoch war ich befriedigt und beruhigt. Das Leben faßte mich bei der Schulter an und schaute mir mit wunderbarem Blick in die Augen. Die Welt war lebendig wie immer und schön wie in den schönsten Stunden. Leise entfernte ich mich und ging auf die Straße.

Das Zimmerstück

Ich kenne einen Schriftsteller, der, nachdem er sich durch Wochen hindurch vergeblich abgemüht hatte, einen geeigneten Stoff aufzutreiben, endlich auf den possierlichen Gedanken kam, eine Entdeckungsreise unter seine Bettstelle zu veranstalten.

Das Ergebnis des waghalsigen und gefährlichen Unternehmens war jedoch, wie jedermann ihm, der es bewerkstelligte, zum voraus hätte sagen können, gleich Null.

Enttäuscht und entmutigt mußte der Unternehmungslustige vom Boden, auf den er sich niedergeworfen hatte, wieder aufstehen, wobei er lebhaft genug bedauerte, nicht den geringsten nennenswerten, interessanten Aufsatzstoff entdeckt zu haben.

»Was fange ich nun an und womit, um der tausend Gottes willen, verdiene ich mir in Zukunft mein armseliges, karges tägliches Brot?« fragte er sich voll Sorgen und Bangen.

Wie er nun so hin und her grübelte, um aus der Geistesfinsternis, die ihn von allen Seiten umfing, einen Ausweg zu finden, sah er plötzlich nah vor seiner Nase ein so seltsames, interesseeinflößendes Schauspiel, wie er es nicht von weitem zu hoffen gewagt haben würde, je in seinem Leben anzutreffen.

In der Wand, die grau, schwarz und schimmelig war, stak nämlich ein alter, rostiger Nagel, woran ein Regenschirm hing.

»Was muß ich sehen«, rief der entzückte Schriftsteller froh und laut aus, »das ist ja unglaublich. Bei der Unsterblichkeit meiner Seele: Ich habe das gedankenvollste, schönste Thema gefunden.«

Ohne sich nur einen Augenblick zu besinnen oder sich Zeit zu gönnen, bis er sich gehörig im Haar gekratzt hätte, was er doch, ehe er sich jeweilen an die Arbeit begab, so gerne zu tun pflegte, trat er zum Schreibtisch, setzte er sich nieder, ergriff er voll Eifer die Feder und schrieb er flink folgendes:

»Etwas Unerhörtes, etwas in seiner Art Herrliches habe ich gesehen.

Weit brauchte ich nicht zu laufen. Das Stück war ganz nah.

Gedankenvoll stand ich im Zimmer. Plötzlich sah ich an etwas Lebensüberdrüssigem etwas Lebensmüdes hängen.

Es war ein alter, müder, fast aus dem Loch schon, das ihn nicht mehr recht hielt, herabfallender Nagel, woran ein fast ebenso alter und abgenutzter Regenschirm hing.

Zu sehen, wie sich ein Altes und Kummervolles an ein anderes Altes und Kummervolles klammerte, zu sehen und zu beobachten, wie ein Hinfälliges am andern Hinfälligen hing, als wären es zwei Bettler, die sich in kalter, hoffnungsloser Einöde umarmen, um eng zusammengedrückt zugrunde zu gehen, jeden Augenblick bereit zu sterben.

Zu sehen, wie Schwaches in seiner Schwachheit anderes Schwaches noch stützte, bevor es selber völlig in die Kraftlosigkeit zusammenbrach, und wie das Erbärmliche in seiner bejammernswürdigen Erbärmlichkeit dem andern Erbärmlichen wenigstens noch so lange geringfügigen Halt bot, als bis es endlich selber gänzlich abgewirtschaftet haben würde: rührte und erschütterte mich tief, und ich habe nicht zögern mögen, es hier aufzuzeichnen.«

Der Schriftsteller hielt inne. Die Hand war ihm während des Schreibens in der Kälte steif geworden; denn er besaß nicht Geld genug, um das Zimmer heizen lassen zu können.

Draußen in den hauptstädtischen Straßen fegte ein eisiger Dezemberwind. Unser Schriftsteller schaute sein Geschriebenes lange mechanisch an, stützte den Kopf in die Hand und seufzte.

Rede an einen Ofen

Einmal hielt ich eine Rede an einen Ofen, die ich, so gut ich sie noch auswendig weiß, hier niederschreiben will.

Von allerlei Gedanken bestürmt, ging ich nämlich eines Tages unruhig in meinem Zimmer auf und ab. Ich hatte mich gewissermaßen verirrt, verloren und gab mir nun redliche Mühe, mich wieder zurechtzufinden, was mich einige und andere Seufzer kostete, wobei ich mir durchaus nicht zu verhehlen vermochte, daß ich mich ängstigte.

Da sah ich den Ofen in seiner unerschütterlichen, ofenplattenhaften Ruhe höhnisch lächeln.

»Dich greift nichts an«, rief ich ihm zornig und voll aufrichtiger Entrüstung zu, »keiner Erregung bist du unterworfen. Unruhe plagt dich nicht, und die Verlegenheiten suchen dich nicht heim.

Nicht wahr, Klotz, fühlloser Tölpel, weil keine Fähigkeit und darum auch kein Bedürfnis in dir ist, dich zu bewegen, bildest du dir weiß Wunder was auf deinen Wert ein.

Weil du ein unempfindlicher, grober Tropf bist, kommst du dir groß vor.

Schöne Größe!

Weil du keinerlei Anfechtung kennst, meinst du das Muster eines Mannes zu sein.

Herrliche Männlichkeit!

Nichts fühlen, sich in einer Brummbären- und Elefantenhaftigkeit spreizen: scheint deine Auffassung vom Mann zu sein.

Weil du, so lange du lebst, noch nie irgend etwas Tieferes gedacht hast, erfrechst du dich, diejenigen, die sich mit vielerlei Bedenken herumzuschlagen haben, gedankenlos auszulachen.

Du bist mir der Rechte!

Du hast ganz offenbar der Welt bis jetzt gefehlt. Auf dich und deinesgleichen kann sich die Welt wahrhaftig verlassen.

Darum, daß du nicht zu ringen, zu kämpfen brauchst, hältst du dich für vollkommen.

Weil du dich nie herbeigelassen und nie dort gezeigt hast, wo Herzen, wo Menschen auf die Probe gestellt werden, wähnst du dich von Schwäche frei, weshalb du dir herausnimmst, auf diejenigen mit dem Finger zu zeigen, die, weil sie auf dem Kampfplatz aufzutreten wagen, Schwächen und Fehler offenbaren.

Kraftstrotzender Feigling, der sich nicht zu rühren wagt, um nur ja nicht einsehen lernen zu müssen, wo seine Gebrechen sitzen: schäme dich, daß du noch nie dich auch ein wenig schämen mußtest; der keine Hingabe an eine redliche Sache kennt, dem das Herz verfettet und der gute, ehrliche Wille erstickt ist.

Wisse, daß mir an irgendwelcher Reputation weniger liegt als an meiner Aufgabe, die mir wichtiger erscheint als der plumpe Ruhm, nie gefehlt zu haben.

Wer nie fehlt, hat wahrscheinlich auch nie Gutes getan.

Rede an einen Knopf

Eines Tages, da ich mit Zusammennähen eines Hemdknopfloches beschäftigt war, das ich durch starkes Niesen auseinandergesprengt hatte, fiel mir, während ich gleich einer geübten Näherin fleißig nähte, mit einmal bei, an den ehrlichen Hemdknopf, treuherzigen und bescheidenen kleinen Burschen, folgende still für mich hingemurmelte, dafür aber wahrscheinlich nur um so aufrichtiger gemeinte Worte der Anerkennung zu richten.

»Lieber, kleiner Knopf«, sagte ich, »wie viel Dank und gutes Zeugnis ist dir der schuldig, dem du nun schon manche Jahre, ich glaube, daß es über sieben sind, treulich, fleißig und ausharrlich gedient, und den du bei aller Vergeßlichkeit und Nichtbeachtung, die er sich dir gegenüber zuschulden kommen ließ, nie daran gemahnt hast, daß er dich einmal ein bißchen loben soll.

Dies geschieht nun heute, wo ich so recht klar zur Einsicht gekommen bin, was du bedeutest, was du wert bist, du, der du dich während deiner ganzen langen, geduldigen Dienstzeit niemals in den Vordergrund stelltest, um in vorteilhafte, hübsche Beleuchtung oder in einigen schönen, grellen, recht sehr augenfälligen Lichteffekt hineinzustehen, der du dich vielmehr stets mit sicherlich nicht hoch genug zu schätzender, rührender, reizender Bescheidenheit in der unauffälligsten Unauffälligkeit aufhieltest, wo du deine liebe, schöne Tugend in der besten Zufriedenheit übtest.

Wie entzückst du mich, daß du die Kraft bewiesen hast, die sich auf Redlichkeit und Eifer und darauf gründet, weder Lobes noch Anerkennung zu bedürfen, wonach jeder geizt, der etwas leistet.

Du lächelst, mein Bester, und wie ich leider sehe, schaust du bereits ziemlich abgenutzt und verbraucht aus.

Lieber! Vortrefflicher! Dich sollten Leute als Muster nehmen, die aus lauter Sucht nach immerwiederkehrendem Beifall krank sind, die vor Gram, Unlust und Gekränktheit nur gleich hinsinken und sterben möchten, wenn sie nicht von jedermanns Gewogenheit und hoher Meinung immerfort gehätschelt, gefächelt und liebkost werden.

Du, du vermagst zu leben, ohne daß sich irgendeiner im entferntesten erinnert, daß du überhaupt vorhanden bist.

Du bist glücklich; denn die Bescheidenheit beglückt sich selber, und die Treue fühlt sich in sich selbst wohl.

Daß du dir so nichts aus dir selber machst, ganz nur Lebensaufgabe bist oder wenigstens zu sein scheinst, gänzlich an stille Pflichterfüllung dich hingegeben fühlst, die man eine herrlich duftende Rose nennen kann, deren Schönheit wohl fast ihr selber ein Rätsel ist, deren Duft ohne mindeste Absicht duftet, weil er ihr Schicksal ist – –

Daß du, wie gesagt, das bist, was du bist und so bist, wie

du bist, bezaubert mich, rührt, ergreift und bewegt mich und macht mich denken, daß es auf der Welt, die an unerfreulichen Erscheinungen reich genug ist, hier und da Dinge gibt, die den, der sie sieht, glücklich, fröhlich und heiter machen.«

Der Arbeiter

Er war auf seine Art ein zarter, edler Mensch. Er besaß Bildung. Gewisse Leute eignen sich auf ganz besondern Wegen eine eigentümliche Bildung an.

Sein niedriger Rang erlaubte ihm, in schlichten Kleidern einherzugehen. Niemand achtete ihn, niemand nahm Notiz von ihm. Er fand das schön, freute sich darüber.

Auf gleichsam dunkelhellen, frohen, nachdenklichen Wegen ging er neben dem zierlichen Leben ruhig und still dahin. Seine bescheidene Lage pries er.

Ein Buch bedeutete für ihn ein wochen-, oft monatelanges, natürliches Glück. Geister und Gedanken schlossen sich, fast wie gutherzige Frauen, freundschaftlich an ihn an. Er lebte mehr im Geiste als in der Welt; er lebte ein doppeltes Leben.

Ihm bot die Natur mit ihren wechselreichen Bildern, hellen Tagen und dunklen Nächten eine Fülle von stillen Genüssen dar.

Der junge Arbeiter gewöhnte sich daran, eine Dankbarkeit zu empfinden, womit er sich abends fröhlich ins Bett legte. Mit ebensolchem Gefühl erhob er sich frühmorgens vom Lager, um an die tägliche Arbeit zu gehen.

Warum nennen wir ihn übrigens »Arbeiter«? Sollte das eine Laune, eine Wunderlichkeit oder Querköpfigkeit von uns sein? Sind wir der Meinung, daß wir ihn damit richtig bezeichnen? Warum nicht?

Er aß für vierzig Rappen in einer Art Volksküche zu Mittag. Falls wir gut unterrichtet sind, war das Essen dünn, fein, karg und schmal.

Still, wie ein Soldat, lebte er; weniger für sich als für irgend etwas anderes, er wußte nicht deutlich für was; aber es genügte ihm, zu fühlen, daß es ihn sanft in eine Hoheit emporriß.

Des Abends war er immer träumerisch; die Nacht mit ihrer wunderbaren Finsternis fand er himmlisch schön.

Niemand sagte es ihm. Niemand flüsterte ihm einen Gedanken ein. Alle reizenden, guten Gedanken kamen aus Lüften herab, aus nächster Nähe und aus der Ferne zu ihm hin, um sich ihm mit ihrem Inhalt hinzugeben.

Sein Äußeres erzählte von seinen zarten inneren Ansprüchen nicht das geringste. Sein Auftreten ließ keinerlei edleres Menschentum ahnen.

Sein Wissen wurde mit der Zeit feiner und feiner. Nur da und dort jedoch, bei guter Gelegenheit, redete er frei und ließ er ein wenig spüren, wer und was er sei.

Sein Geheimnis war seine fort- und fortdauernde Lust. Sein Fühlen war ihm stiller Quell und Brunnen seltsam geheimen Lebensglückes.

Was seine sozialpolitische Meinung betrifft, so war er zu allein, um so etwas haben zu können. Auch brauchte er das nicht. Er dachte lieber an Vater und Mutter, an die Natur, an lebendige liebe Dinge als an Politik. Man kann sagen, daß er romantisch war.

So z. B. liebte er, armer Arbeiter, der er war, die Paläste, die Allüren, das stolze, prachtvolle Auftreten der Reichen. Er liebte alles Schöne. Er liebte die Frauen, die Kinder, die alten und jungen Leute, die Wege, die Häuser.

Er liebte vielleicht neben dem Redlichen und Guten auch das Böse; neben dem Schönen auch das Unschöne. Bös und gut, schön und häßlich schienen ihm unzertrennlich.

So lebte, so liebte er. Ein gewisser Adel war in ihm.

Bei Gelegenheit dichtete er folgende

Zwei kleine Prosastücke:

1.

Freundlich sind dort die Menschen. Sie haben das schöne Bedürfnis, einander zu fragen, ob sie einander unterstützen können. Sie gehen nicht gleichgültig aneinander vorbei; aber ebensowenig belästigen sie einander. Liebevoll sind sie, aber nicht neugierig, nähern sich einander, aber quälen einander nicht. Wer dort unglücklich ist, ist es nicht lange; wer sich dort wohl fühlt, ist nicht dafür übermütig.

Die Menschen, die dort wohnen, wo die Gedanken wohnen, sind weit davon entfernt, bei irgend jemand anderes Unlust eine Lust, und wo sich ein anderer in Verlegenheit sieht, eine abscheuliche Freude zu fühlen. Sie schämen sich dort jeglicher Schadenfreude; lieber sind sie selber beschädigt, als daß sie gerne sähen, wie ein anderer Schaden nimmt. Dort haben die Menschen insofern ein Bedürfnis nach Schönheit, als sie nicht gerne ihres Mitmenschen Schaden sehen. Alle Leute wünschen dort allen nur das Beste. Dort lebt keiner, der nur sich selber Gutes wünscht, nur die eigene Frau und die eigenen Kinder wohl aufgehoben wissen will. Er will, daß Frau und Kinder auch des andern sich glücklich fühlen.

Wenn dort ein Mensch irgendeinen Unglücklichen sieht, so ist auch sein eigenes Glück bereits zerstört. Dort, wo Nächstenliebe wohnt, ist die Menschheit eine Familie. Dort kann niemand glücklich sein, wenn nicht jedermann es ist. Neid und Mißgunst sind dort unbekannt, und die Rache ist ein Ding der Unmöglichkeit. Kein Mensch ist dort dem andern im Weg. Keiner triumphiert über den andern.

Legt dort einer Schwächen an den Tag, so wird sich niemand beeilen, sich dieselben zunutze zu machen. Alle nehmen Rücksicht aufeinander. Dort besitzen alle eine ähnliche Kraft und üben eine gleichmäßige Macht aus; deshalb kann der Starke und Mächtige keine Bewunderung ernten.

In anmutigem, Vernunft und Verstand nicht verletzendem Wechsel geben und nehmen dort die Menschen. Liebe ist dort das bedeutendste Gesetz; Freundschaft die vorderste Regel.

Arm und Reich gibt es nicht. Könige und Kaiser hat es, wo der gesunde Mensch wohnt, nie gegeben. Die Frau herrscht dort nicht über den Mann, der Mann aber ebensowenig über die Frau. Außer jedes über sich selber, herrscht dort keines.

Alles dient dort allem, und der allgemeine Wunsch strebt deutlich dahin, den Schmerz zu beseitigen. Genießen will niemand; darum tun es alle. Alle wollen arm sein; hieraus folgt, daß niemand arm ist.

Dort ist es schön, dort möchte ich leben! Unter Menschen, die sich frei fühlen, weil sie sich beschränken, unter Menschen, die einander achten, unter Menschen, die keine Angst kennen, möchte ich leben! Doch ich muß einsehen, daß ich phantasiere.

2.

Einmal gab es eine Welt, worin alles ganz langsam zuging. Eine angenehme, man möchte sagen, gesunde Trägheit beherrschte das Menschenleben. Die Menschen gingen gewissermaßen müßig. Was sie taten, das taten sie nachdenklich und langsam. Sie taten nicht so unmenschlich viel, fühlten sich auf keine Weise bewogen oder verpflichtet, sich aufzureiben und abzuarbeiten. Hast und Unruhe oder übermäßige Eilfertigkeit gab es unter diesen Menschen keine. Niemand strengte sich sonderlich an, und eben darum war das Leben so freundlich.

Wer hart arbeiten muß oder überhaupt in hohem Grad tätig ist, der ist für die Freude verdorben, der macht ein mürrisches Gesicht, und alles, was er denkt, ist unfroh und traurig.

Müßiggang sei aller Laster Anfang, sagt ein altes abgegriffenes Sprichwort.

Die Menschen, von denen hier die Rede ist, machten den Sinn dieses etwas vorlauten Sprichwortes in keiner Hinsicht wahr; im Gegenteil, sie widerlegten es und entkleideten es jeglicher Bedeutung.

Indem sie es sich auf harmloser, zutraulicher Erde wohl sein ließen, genossen sie still ihr Sein in traumhaft schöner Ruhe, und dem Laster blieben sie insoweit gänzlich fern, als ihnen gar kein Gedanke danach kam. Sie blieben gute Menschen, weil sie keine Zerstreuungssucht kannten; sie aßen und tranken wenig; denn sie hatten keinerlei Bedürfnis zu schlemmen.

Langeweile, d. h. das was man so darunter versteht, war ihnen völlig unbekannt. Mit allerlei vernünftigen Erwägungen beschäftigt, lebten sie ernst und zugleich heiter dahin. Werk- und Sonntage hatten sie nicht; jeder Tag war gleich. Das Leben floß wie ein ruhiger Fluß dahin, und niemandem fiel es ein, sich über Mangel an Reiz und Aufmunterung zu beklagen.

Diese Menschen lebten ein ebenso einfaches wie glückliches Leben. Ihr Dasein war süß, sanft und sonnig. Fern von Ruhmgier, Ehrsucht und Eitelkeit waren sie vor drei fürchterlichen Krankheiten behütet, und fern von Lieblosigkeit, wußten sie von einer Seuche nichts, die das Menschenleben verpestet.

Wie Blumen lebten und welkten sie. Keine Pläne unruhvoller, aufregender Art störten und belästigten die Köpfe, wodurch ihnen unermeßliches Leid ewig fremd und unbekannt blieb.

Auf den Tod waren sie still gefaßt; beweinten weder die Toten noch sich selbst der Gestorbenen wegen so sehr. Da einander alle liebten, war einzelnes nicht übertrieben geliebt und daher der Schmerz beim Abschied nicht so groß.

Wilde Liebe steht bei wildem Haß, wilde Lust bei ebensolcher Trauer. Wo Vernunft ist, da ist alles gebändigt, und alles ist sanft, geduldig und verständig.

Der Krieg brach aus. Alles eilte nach den Sammelplätzen, um die Waffen zu ergreifen. Auch unser Arbeiter eilte hin, ohne viel zu bedenken. Was gibt es viel zu bedenken, wo es dem Vaterland zu dienen gilt? Der Dienst für das Vaterland zerstreut alle Gedanken.

Bald stand er in Reih und Glied, und kräftig, wie er von Natur war, fand er es göttlich schön, mit den Kameraden auf staubiger Straße gegen den Feind zu marschieren. Lieder singend ging es fort, und bald kam es zur Schlacht, und wer weiß, vielleicht war der Arbeiter einer unter denen, die für das Vaterland fielen.

Hölderlin

Hölderlin hatte angefangen, Gedichte zu schreiben, doch die leidige Armut zwang ihn, als Erzieher in ein Haus nach Frankfurt am Main zu gehen, damit er sein Brot verdiene. Hierin ist die große, schöne Seele in der gleichen Lage wie der Handwerksmann. Verkaufen mußte er den leidenschaftlichen Hang nach Freiheit; unterdrücken den königlichen, kolossalischen Stolz. Der harten Notwendigkeit Folge war ein Krampf, eine gefährliche Erschütterung im Innern.

In ein hübsches, elegantes Gefängnis begab er sich.

Geboren, um in Träumen und Einbildungen zu schweifen und am Halse der Natur zu hängen, Tage und Nächte unter treuherzigen, dichtbelaubten Bäumen mit beseligendem Dichten hinzubringen, sich mit den Matten und ihren Blumen zu unterhalten, in den Himmel hinaufzuschauen und den göttlich gelassenen Zug der Wolken zu betrachten – trat er jetzt in wohlhabenden Privathauses säuberliche, bürgerliche Enge und übernahm die für seine aufbäumenden Kräfte fürchterliche Verpflichtung, sich honett, gescheit und manierlich aufzuführen.

Er empfand ein Grauen. Für verloren, für verschleudert

hielt er sich, und er war es auch. Ja, er war verloren; denn er hatte nicht die erbärmliche Kraft, alle seine herrlichen Säfte und Kräfte, die nun verleugnet und verhehlt sein sollten, schändlich zu verleugnen.

Da, da zerbrach, zerriß er, und er war von da an ein armer, beklagenswerter Kranker.

Hölderlin, der nur in Freiheit zu leben vermochte, sah sein Glück vernichtet, da er die Freiheit verlor. An der Kette, die ihn umklammerte, riß und zerrte er vergeblich; nur wund riß er sich daran; die Kette war unzerbrechlich.

Ein Held lag in Ketten, ein Löwe mußte artig und manierlich tun, ein königlicher Grieche bewegte sich im bürgerlichen Zimmer, dessen enge, kleine hübsch tapezierte Wände sein wunderbares Gehirn zermalmten.

Hier begann denn auch schon die klägliche Geisteszerrüttung, jenes langsame, weiche, entsetzliche Zerschellen aller Klarheit. Von Aussichtslosigkeit zu Aussichtslosigkeit, von einem seelenzerschneidenden Bangen und Grauen zum andern irrten und taumelten die traurigen Gedanken. Es war wie tonloses, stilles, träges Zertrümmern himmlisch heller Welten.

Trübe, plump und dunkel wurde ihm die Welt, und um sich wenigstens an Tändelei und Täuschung zu berauschen, grenzenlose Trauer um verlorne Freiheit zu vergessen, den Gram des geknechteten, gefesselten Löwen zu überwinden, der im Käfig auf und ab, hoffnungslos auf und ab, auf und ab geht, fiel es ihm ein, sich in die gnädige Frau zu verlieben. Dies zerstreute ihn, kam ihm gelegen, tat dem vernichteten, erwürgten, erstickten Herzen auf Minuten wohl.

Während er einzig und allein den hingesunkenen Traum der Freiheit liebte, bildete er sich ein, daß er die Herrin liebe. Öde wie in der Wüste war es um sein Bewußtsein herum.

Lächelte er, so war ihm, als habe er das Lächeln, um es

auf die Lippen zu bringen, mühsam erst aus tiefer Felsenhöhle hervorziehen müssen.

Zurück nach der Kindheit sehnte er sich krankhaft, und, um von neuem auf die Welt zu kommen und wieder ein Knabe zu werden, wünschte er, daß er sterbe. »Da ich ein Knabe war . . .«, dichtete er. Man kennt das herrliche Lied.

Indem der Mensch in ihm verzweifelte, sein Wesen aus vielen elenden Wunden blutete, stieg sein Künstlertum gleich reichgekleidetem Tänzer hoch empor, und wo Hölderlin fühlte, daß er zugrunde gehe, musizierte und dichtete er zum Entzücken. Die Zerstörung und Zertrümmerung seines Lebens besang er auf dem Instrumente der Sprache, die er redete, in goldenen, wunderbaren Tönen. Er klagte um sein Recht und um sein zerschmettertes Glück, wie nur Könige fähig sind zu klagen, mit einem Stolz, einer Hoheit, die ihresgleichen im Bereiche der Dichtkunst nicht kennen.

Schicksalsgewaltige Hände rissen ihn aus der Welt und ihren für ihn zu kleinen Verhältnissen über des Erfaßbaren Rand hinaus, in den Wahnsinn, in dessen lichtdurchfluteten, irrlichterreichen, holden, guten Abgrund er mit Gigantenwucht hinabsank, um in süßer Zerstreutheit und Unklarheit für immer zu schlummern.

»Es ist ja unmöglich, Hölderlin«, sprach die Frau des Hauses zu ihm; »und was du willst, ist undenkbar. Alles, was du denkst, geht immer über alles Schickliche und Mögliche hinaus, und alles, was du sprichst, zerreißt alles Erreichbare. Du willst und kannst nicht wohl sein. Wohlsein ist dir zu klein, und der Frieden in der Abgegrenztheit ist dir zu gemein. Alles ist dir und wird dir ein Abgrund, ein Grenzenloses. Die Welt und du sind ein Meer.

Was kann und darf ich dir sagen, um dich zu beruhigen, der du alles Behagen als etwas Verachtenswürdiges von dir weist? Alles Enge und Kleine verwirrt dich, macht dich krank; alles Weite und Unabgeschnittene aber reißt dich hinauf und hinab, wo kein Bleiben, kein Genießen ist. Geduld ist deiner nicht würdig; Ungeduld aber wieder zerstükkelt dich. Man ehrt dich, liebt dich und beklagt dich; so ist kein Genuß bei dir.

Was soll ich tun, da dich doch nichts freut?

Du liebst mich?

Ich glaube es nicht, muß mir verbieten, es zu glauben, und muß wünschen, daß du dir verbieten wolltest, es mich glauben zu machen. Es treibt dich nicht, mich zu lieben, sonst vermöchtest du friedlich, freundlich und glücklich zu sein und mit dir und mir Geduld zu haben. Ich habe nicht das Recht zu glauben, daß ich dir viel bedeute.

So sei doch sanft, gut und gescheit. Ich fürchte mich bald nur noch vor dir, und das ist ein Gefühl, das ich beweine. Laß doch die Leidenschaft fahren und überwinde dich. Wie schön, warm und groß könntest du in entschlossener Überwindung sein. Doch deine kühnen Einbildungen töten dich, und der Traum, den du dir vom Leben machst, raubt dir das Leben. Könnte: Auf-Größe-Verzichten nicht auch Größe sein?

Schmerzlich ist ja alles.«

So redete sie zu ihm. Hölderlin ging dann aus dem Hause fort, trieb eine Zeitlang noch in der Welt umher und fiel darauf in unheilbare Umnachtung.

Poetenleben

Auf Grund der Ermittlungen, die wir veranstalten zu sollen geglaubt haben, können wir sagen, daß dieser Poet eine verhältnismäßig mangelhafte, d.h. dürftige Erziehung genoß, und wir fühlen uns daher berechtigt, Fragen wie folgende aufzuwerfen:

Woher schöpfte er das unerläßliche bißchen Bildung, das

nach unserem Dafürhalten ein Poet notwendigerweise besitzen muß?

Die Antwort lautet:

Es gibt ja Lesesäle voll Lesestoff in der Welt. Zum Teil liegen diese Lesezimmer ja sogar im Grünen, derart, daß der emsige Leser, wenn er am offenen Fenster sitzt, noch eine Augen- und Ohrenfreude mithat, wofür er Gott dankt.

Haben wir nicht außerdem gefälligst Stadtbibliotheken, die jedem jungen, unbescholtenen Menschen zugänglich sind und zum Vorteil gereichen?

Der Poet, den wir hier im Auge haben, scheint früh schon einen gewissen Bildungsdurst heftig bewiesen und freundlich an den Tag gelegt zu haben, was selbstverständlich durchaus anerkennenswert ist.

Einem uns zu Ohren gekommenen Gerücht, das uns sagte, daß unser Gegenstand hier eine Zeitlang Straßen gefegt und gereinigt haben soll, schenken wir deshalb entweder nur äußerst geringen oder lieber überhaupt keinen Glauben, weil wir zu wissen meinen, daß da eher Dichtung und Phantasie als Wahrheit und Wirklichkeit mitgespielt haben werden.

Besprochener war vielmehr zu seinem sicherlich absolut nicht geringen Nutzen zeitweilig in der Abteilung für Inseratenwesen einer bedeutenden Verlagsanstalt tätig, womit wir deutlich genug dartun, daß es sich in diesem Poetenleben mehr um sorgsame, saubere Schreib- als um Arbeit mit dem Straßenbesen handelte.

In dem Dasein, das uns interessiert, spielte die feinsinnige, graziös und behend über das Blatt Papier hinschweifende, allerlei niedliche, zierliche Zahlen und Sätze zeichnende, spitzige, zarte Schreibfeder offenbar von jeher eine ausschlaggebende Rolle.

Hammerschläge und Axthiebe sind und waren hier so gut wie gänzlich ausgeschlossen, und mit Nägeln hat Reflektant oder Mittelpunkt dieser Zeilen vermutlich nur immer insoweit irgend etwas zu tun gehabt, als er an die Wand seines Zimmers womöglich einmal ein Bild nagelte und heftete, woraus wohl ohne geringste Bedenken der Schluß gezogen werden darf, daß er weder je im Leben schlosserte, noch jemals schreinerte, was ja, falls es vorgekommen sein könnte, übrigens durchaus nicht weiter übel gewesen wäre.

Wir und solche, die ähnlich denken wie wir, stehen auf dem Standpunkt, der die Überzeugung gibt, daß jegliche fleißig begonnene und mit festem Willen weitergetragene Arbeit den adelt, der sie verrichtet.

Ob nun eine Speditionsfirma hier in Betracht kommt oder eine Bankanstalt allerersten Ranges ins Gewicht fällt, oder ob eine stille, verborgene Rechtsanwaltei (Advokatur) mehr oder weniger bedeutsam am Dichterleben mitwirkte oder nicht: dieses zu prüfen muß doch wohl zunächst völlig nebensächlich sein, und es werden uns derlei Dinge vorläufig merklich kühl lassen können.

Wir haben uns hier, wie uns scheint, mehr um innere als um äußere Beziehungen zu kümmern und mehr mit Merkwürdigkeiten als mit Oberflächlichkeiten zu beschäftigen. Inneres weist zwar unserer Meinung nach immer auch auf Äußeres hin, wie denn z. B. Regierungen innere so gut wie äußere Angelegenheiten zu behandeln haben und umgekehrt.

Uns genügt einstweilen die Tatsache sehr, daß wir in der angenehmen Lage sind, mit nicht wieder umzustürzender oder wegzufegender Bestimmtheit feststellen zu können, daß Gegenstand oder Zielscheibe Handelsbeflissener war, und als solcher stets eifrig und aufrichtig bemüht gewesen ist, feinste Zeugnisse sowohl wie beste und glänzendste Empfehlungen einzuheimsen.

Nebenbei scheint er freilich schon sehr früh angefangen zu haben, auf kleine Streifen Papier Gedichte zu schreiben. Er saß bei jederlei Wetter, zu jeder Tages- und Jahreszeit in allerlei geheizten oder ungeheizten Zimmern, Gelassen und

Gemächern, um sich mit mehr oder weniger Genugtuung in der denkbar äußersten Weltentlegenheit zeitweise wenigstens seinen Phantasien zu überlassen.

Zu bemerken ist hiebei, daß wir uns jeden Urteiles über den Poeten entschlossen sind zu enthalten. Wir teilen einfach hübsch mit, was uns gelungen ist in Erfahrung zu bringen. Fest steht immerhin, daß der Poet überaus eigensinnig zu verfahren beliebte.

Warum tat er das? Hm!

Wenn sich bewahrheiten sollte, was einige zweifellos nette und artige Leute behauptet haben und noch immer behaupten, nämlich, daß unser Held und jugendlicher Liebhaber zu einer Zeit, wo er als flotter, pflichteifriger Hilfsbuchhalter auf dem und dem Transportversicherungsinstitut beschäftigt war, auf Fließ- oder Löschpapier, wie man es für dicke Foliantenbücher und feierliche, tiefernsthafte Hauptbücher zu verwenden pflegt, seiner Herren Bureaukollegen beziehungsweise Herren Vorgesetzten respektable, löbliche Köpfe abzeichnete, dermaßen gleichsam hochinteressante Dresdener Bilderkabinette wie Münchener Gemäldegalerien genialisch produzierend – so mag das ja an sich gewiß ganz nett und höchst spaßhaft oder verhältnismäßig recht amüsant sein.

Für kennzeichnend können wir indessen derartige Übungen kaum halten; höchstens würden dieselben unter Umständen beweisen, daß zweifellos nebenher vortrefflicher, junger Mann hin und wieder, wie es scheint, durch seine Obliegenheiten nicht besonders stark beansprucht war, was man ja lebhaft geneigt sein könnte zu bedauern.

Mitgeteilt wurde und wird, daß einer der Herren, deren behagliche Bildnisse der Poet anfertigte, demselben bei Gelegenheit gesagt haben soll:

»Ei, ei, Sie haben Talent. Warum gehen Sie jedoch zwecks weiterer Ausbildung nicht schleunig lieber etwa nach München? Hier im Bureau sind nämlich derlei überraschende

Kunstleistungen höchlich unpassend. Zeichnerische Begabung muß hier unglücklicherweise ja verkümmern, und wie Sie ahnen werden, sind Taten oder Großtaten eines zukünftigen Genies leider hier nicht recht am Platz.«

Satirische und spöttische Bemerkung, auf die laut Aussage hier Beschriebener erwidert haben soll:

»Unmöglich vermag ich zu glauben, daß ich, wie Sie meinen, geborner Maler wäre. Ungemein starke Anlagen und eine ganz gehörige Ader zum ausübenden Schriftsteller scheinen mir eher in mir zu schlummern. Für Ihren sicher aufrichtig und ehrlich empfundenen, gut gemeinten Wink, kühn nach München zu marschieren, um eine glänzende Existenz zu erobern, danke ich Ihnen herzlich; möchte mir aber immerhin zu bemerken erlauben, daß, ehe ich nach München schwämme und ginge, ich wahrscheinlich viel lieber oder wenigstens fast noch ebenso schnell und gern in den Kaukasus ruderte und spazierte, wo ich Abenteuer antreffen zu können hoffen wollte wie doch wohl sonst nirgends.«

Im Zeugnis, das ihm anläßlich seines Austrittes aus dem Hilfsbuchhalterposten ausgehändigt wurde, stehen unseres Wissens folgende beziehungsreiche wie anspielungsgetränkte und gesättigte schöne Worte:

»Er hat sich als höchst brauchbar, ehrlich, fleißig, pflichttreu und talentvoll erwiesen. Auf allerdings durchaus eigenen Wunsch begibt er sich jedoch nachgerade in angemessene Entfernung. Sein ausgezeichnetes Wirken auf Löschpapier wird uns immer unvergeßlich bleiben. Seine künstlerischen Leistungen haben uns derart entzückt, daß wir seinen raschen Austritt herzlich bedauern müssen. Damit er seine zarte feine Begabung nicht gänzlich brach liegen und ruinieren lasse, fühlten wir uns genötigt, ihn flehentlich zu ersuchen, uns zu verlassen. Indem wir ihn ebenso höflich wie dringlich baten, gefällig spazieren zu gehen, wünschten wir ihm auf seine zukünftige beschwerliche Laufbahn alles erdenkliche Glück, und indem er sich entschließt, Abschied von uns zu nehmen, sind wir so zufrieden mit ihm, wie wir keinesfalls auszudrücken vermögen. Die Buchhaltung hat er jederzeit geführt, wie wir vermuten mußten, daß er sie führen werde. Sein Betragen gab im allgemeinen zu weiter keinen als nur zu einigen winzig kleinen Bedenken Anlaß.«

Uns kommt vor, daß in diesem Poetenleben ein ungewöhnlich häufiger Stellen- sowohl wie Ortswechsel stattgefunden habe; wir wollen aber gerne bekennen, daß wir dies einigermaßen begreifen, und zwar deshalb, weil wir notwendigerweise einsehen und zugeben müssen, daß eine junge Seele, die sich berufen fühlt, zu dichten, der Freiheit und der Beweglichkeit bedarf.

Daß sich ein Poet unter allen Umständen zu befreien, zu entfalten suchen müsse, erscheint uns sonnenklar; denn wir sind überzeugt, daß Entfaltung ohne Freiheit sicherlich unmöglich ist. Daneben leuchtet uns sehr wohl ein, daß menschliche Entwicklung nie ganz und gar ohne Situationen ablaufen kann, die ihren Bildner mitunter in ein schlechtes Licht stellen.

Wir behaupten, daß wir solches ohne lange Umschweife anerkennen wollen, wiewohl uns manches eigentlich noch unklar sein muß.

Im kaufmännischen Zentralstellenvermittlungsbureau war Traktant, wie wir zu wissen glauben dürfen, eine nachgerade sattsam bekannte Bewerberfigur. Seine Erscheinung und seine womöglich etwas befremdliche Persönlichkeit lockten daselbst regelmäßig eine Art ironisches Lächeln hervor.

»Ist es wahr, daß Sie Gedichte schreiben?« fragte man ihn.

»Ja, ich glaube es fast«, gab er sanft, gutmütig und demutvoll zur Antwort. Klar ist, daß solch zarte behutsame Antwort allgemein belächelt werden mußte, was denn auch tatsächlich stattfand.

Da und dort scheint der Poet auch als Vorleser bei hohen Damen stark in Betracht gefallen und ziemlich beliebt gewesen zu sein. Er las Selbstgedichtetes so gut wie anderes mit einem Anstand und mit einer Zungenfertigkeit vor, die, wenn nicht Staunen und Bewunderung, so doch wenigstens Zufriedenheit und Vergnügen erregten.

Mehr schmal und dünn als üppig und reichlich, und eher ungenügend als befriedigend war dagegen das Essen, das er zu essen bekam.

Unseres Ermessens nach kann jedoch auf diese gewiß an sich klägliche und recht leidliche Tatsache kein allzu hohes Gewicht zu legen sein, indem es als ziemlich gleichgiltig betrachtet werden darf, ob ein Poet nur Suppe mit Wurst verzehrt oder ob er ganze Speisekarten voll mitwegißt. Hauptsache scheint doch wohl stets zu sein, daß ihm gute Gedichte entstehen. Die entschlüpfen und entstehen ihm aber bei zarter, dürftiger und magerer Kost entschieden besser als bei irgendwelcher andern, hievon sind wir felsenfest überzeugt.

Einem Poeten steht Schlankheit an; er gewähre einen durchgeistigen Anblick. Schon aus beträchtlicher Entfernung soll man ihm ansehen können, daß er sich verhältnismäßig mehr mit tagelangem Denken als mit stundenlangem materiellem Schwelgen abgibt. Dickleibige Dichter sind etwas wie ein Ding der Unmöglichkeit. Dichten heißt nicht dick werden, sondern heißt fasten und entbehren. Von solcherlei Auffassung auch nur einen Schuh oder eine Handbreit abzuweichen, soll für uns ausgeschlossen sein, und es wird niemandem gelingen, uns hinsichtlich des Ausgesprochenen irgendwelche andere Denkart aufzuzwingen oder abzunötigen.

Übrigens dürften ja den Poeten von Zeit zu Zeit wohlhabende, freigebige Leute zum Essen eingeladen haben, was wir aber allerdings höchstens nur vermuten können. Diesbezügliche Beweise herbeizuschaffen ist uns, so sehr wir uns Mühe gegeben haben mochten, leider nicht möglich gewesen.

Soviel uns auszukundschaften gelungen ist und soweit wir

glücklicherweise zu Kenntnis haben gelangen können, war er äußerst haushälterisch und sparsam, ja vielleicht in dieser oder jener Hinsicht sogar ein wenig geizig.

Auslagen, Kosten, Spesen gab es für ihn erstaunlich wenig. Schneidern und Ärzten hat er jahraus, jahrein fast so viel wie nichts zu verdienen gegeben.

Ausgesprochener treuer Freund von Wanderungen, der er war, verkehrte er intensiv mit Schuhmachern, denen er die wichtige Aufgabe übertrug, zerrissenes, zerlöchertes Schuhwerk auszubessern und wiederherzustellen.

Was die Kleidung betrifft, so trug er meistens geschenkte Anzüge. Zwingende Ursache, zu Medizinern zu springen, hatte er keine, weil es ihm weiter an Gesundheit nicht fehlte und er folglich nicht das geringste Übelbefinden aufzuweisen haben konnte, was natürlich für ihn von großem Vorteil war. Er ersparte ebenso gut Geld wie Zeit damit. Ärzte freilich vermochten ihn kaum zu loben. Doch wir erinnern hier an den alten Spruch, der bekanntlich lautet, daß man es leider Gottes auch mit bestem Willen nicht jedermann recht machen kann. Irgendwie und -wo stößt der vorzüglichste Mensch an.

Wie er zur Politik stand, wollen wir einstweilen lieber ununtersucht lassen; ebenso wenig sollen wir ausmitteln oder nur anfragen wollen, ob er fleißig zur Kirche ging oder nicht. Alltägliches, Natürliches, Nützliches, Dienliches und Praktisches war es, das ihm nahe lag. Er scheint das von seinem Vater geerbt zu haben.

»Dem heranwachsenden Kinde schleichen Vater und Mutter leise durch das Leben nach«, glauben wir bei der und der Gelegenheit, bei dem und dem passenden Anlaß gesagt zu haben. Schule und Elternhaus haben bedeutenden Einfluß. Die Charaktereigentümlichkeiten beider Eltern ... doch dies sind tiefsinnige Dinge, die wir vorziehen unberührt zu lassen.

Vom Vater ging unter anderem jedenfalls eine Spur und

Portion Ironie auf ihn über, die ihm nachlief und treulich anhing wie dem Herrn oder der Herrin das folgsame Hündchen, das nicht aufhört, folgsam und anhänglich zu sein, obschon es vielleicht manchmal Schläge kriegt.

Falls wir uns nicht irren, so arbeitete er einmal zirka acht Tage lang im Kontor eines Elektrizitätswerkes. Nach Verlauf genannter ungewöhnlich kurzer Zeit beschied ihn der Herr Direktor auf das Direktionszimmer, wo er ihm mit kühlen, vielleicht etwas verbogenen, verlegenen, aber ungeheuer vornehmen Worten auseinandersetzte, daß in hohen, höhern und höchsten Industriebetrieben, die ja, wie allgemein bewußt sei, auf nur allerfeinsten und gediegensten Voraussetzungen beruhen, Menschen unmöglich geduldet werden können, von denen es erstens heißt, daß sie dichten, und von denen es zweitens verlautet, daß sie Umgang mit Leuten pflegen, die nicht zur bessern und besten Klasse zählen.

Der Poet ging in der Tat hin und wieder mit nicht sonderlich sauberen Elementen um. Er war in dieser Hinsicht nicht immer sehr klug, dafür aber wenigstens menschlich.

An Etablissementen und Handelshäusern, worin er zu seinem mehr oder weniger starken und großen Nutzen tätig war, sind ferner zu nennen:

Eine an schäumender, blauer Aare gelegene Bierbrauerei, eine von reizender Architektur und lieblicher Landschaft umgebene Hilfs- oder Spar- und Leihkasse, eine Nähmaschinenfabrik, wo er sich prächtig bewährte, eine Strumpfbandweberei, wo er den Schatz seiner Kenntnisse durchaus nicht unwesentlich vermehrte.

Demnach handelt es sich in diesem kleinlichen, wie wir sagen möchten, proletarischen Poetenleben hauptsächlich um Arbeit in allerhand Bureaus und Schreibstuben, um mancherlei Stellenwechsel, sozusagen also um durchaus Alltägliches und Gewöhnliches, d. h. eigentlich um zweierlei: um Bureauarbeit und um Landschaft, um ein Stellenbekleiden und ein Stellenpreisgeben, um ein Herumwandern in warmer, freier Natur und um ein Sitzen, Festkleben und Schreiben an kaufmännischen Schreibtischen, die man Pulte nennt; um Freiheit sowohl wie um Gefangenschaft, um Ungebundenheit sowohl wie um Fessel; um Not, Bedürfnis, Sparsamkeit sowohl wie um üppiges, freches, fröhliches Verschwenden und köstliche, schwelgerische Genüsse, um harte, saure Arbeit sowohl wie um taugenichtsiges, tagediebiges, ins Geratewohl und Gehabdichwohl hineinlebendes, atmendes Vergnügen, um strenge Pflichterfüllung sowohl wie um vergnügliches, rötliches, bläuliches oder grünliches Schlendern, Spazieren und Vagabundieren.

Aus solchen und ähnlichen Dingen empfing der Poet seinen poetischen Grund und Boden. Die Jahreszeiten, Phantasie, Musik und Liebe, Stadt und Land und die Malerei, die Gefühle und Gedanken, das Leben und die wachsende Bildung gaben seiner Poesie die Nahrung, deren sie zu ihrem gesunden Gedeihen bedurfte.

Derart lebte er hin.

Was aus ihm wurde, wie es ihm später ergangen sein mag, entzieht sich unserer Kenntnis. Weitere Spuren vermochten wir einstweilen nicht zu entdecken. Vielleicht wird uns das ein anderes Mal gelingen. Was noch irgendwie zu unternehmen sein kann, wird sich zeigen. Wir wollen sehen, und sobald etwas Neues ausfindig zu machen gewesen sein wird, soll es, falls nur auch dafür schon wieder genügend neues gütiges Interesse voraussetzen zu dürfen freundlich gestattet worden wäre, mit Vergnügen mitgeteilt sein.

S. 9 *Kleines Landstraßenerlebnis:* Die Wanderung zum Bruder, der in einer Kleinstadt einen Tanzsaal ausmalte, beschrieb Walser zehn Jahre früher schon in einer Episode des Romans »Geschwister Tanner« (vgl. RW, »Das Gesamtwerk«, Band IV, S. 105 ff.); damals war es allerdings Herbst, die Schilderung derselben Reise im Winter, die im Roman S. 128 ff. folgt, mündete in einen Besuch bei der Schwester. – Vgl. auch »Leben eines Malers«, S. 136.

S. 11 *Brief eines Malers an einen Dichter:* Freie Wiederholung eines Briefes, der zu den Fragmenten zum Roman »Geschwister Tanner« gehört (vgl. RW, »Das Gesamtwerk«, Band IV, S. 524 ff.). Die Kleinschreibung des Anredefürworts folgt hier der Erstausgabe von »Poetenleben«, sie beruht aber wahrscheinlich einfach darauf, daß in Walsers handschriftlichen Manuskripten d und D nicht zu unterscheiden waren.

S. 14 *Widmann:* Joseph Viktor Widmann (1842–1911), der geistvolle Erzähler und Dichter, war seit 1880 Feuilletonredaktor des Berner »Bund« und hatte dort im Mai 1898 zum erstenmal Gedichte des gerade zwanzigjährigen Robert Walser (allerdings anonym) veröffentlicht. Im folgenden Frühjahr, als Walser sich in Thun aufhielt, dürfte der beschriebene Besuch stattgefunden haben. Walser genoß auch in den folgenden Jahren freundschaftliche Förderung durch Widmann, wie die weiteren Abdrucke im »Bund«, Widmanns Besprechungen der ersten Bücher Walsers und zwei erhaltene Briefe Walsers anzeigen.

S. 16 *Dornröschen:* Noch in seiner Bieler Zeit nahm Walser den ihn so bewegenden Märchenstoff nochmals auf und formte ihn zu einem kleinen Versspiel, das im Dezemberheft 1920 der Zeitschrift »Pro Helvetia« erschien und in RW, »Das Gesamtwerk«, Band XI, wiederveröffentlicht wird.

S. 19 *Die Tante:* Die beschriebene Reise dürfte Walser in der Zeit um die Jahrhundertwende unternommen haben. Der Heimatort seiner Mutter (Elisa, geb. Marti) ist das Dorf Schangnau im Emmental.

S. 31 *Würzburg:* Im Spätsommer/Frühherbst 1901, etwa bis Anfang Oktober, hatte Walser sich einige Wochen in München aufgehalten und sich dort vor allem im Kreis der Autoren und Künstler bewegt, die an der Zeitschrift »Die Insel« mitwirkten. (Vgl. dazu die Skizze »München«, RW, »Das Gesamtwerk«, Band VII, S. 61.) Januar 1902, vielleicht auch schon zu Ende 1901, war er in Berlin. In die Zwischenzeit fällt der hier wiedergegebene Besuch in Würzburg. Max Dauthendey (1867–1918) war elf Jahre älter als Walser und hatte als Lyriker schon einen bedeutenden Namen. Er stammte aus Würzburg, lebte dort aber jetzt nur vorübergehend – sein Hauptaufenthalt in diesen Jahren war Paris.

S. 54 *Marie:* Vorbild der Frau Bandi in dieser Erzählung ist, wie Walsers Biograph Robert Mächler anzugeben weiß (vgl. »Das Leben Robert Walsers«, suhrkamp taschenbuch 321, S. 96–97), eine Bieler Bekannte seiner Familie, Frau Flora Ackeret. In einer Wohnung ihres Hauses verbrachte der Vater Robert Walsers seinen Lebensabend, und hier fand auch er selber für einige Zeit Unterkunft, nachdem er Anfang 1913 aus Berlin nach Biel zurückgekehrt war. Vielleicht spiegelt die Erzählung einiges aus dem ersten Jahr nach seiner Heimkehr – anderes dagegen scheint auf eine viel frühere Zeit zu deuten, etwa die Anknüpfung einer ersten Verbindung zu einer schöngeistigen Zeitschrift (biographisch wäre dies 1899: die Verbindung zur »Insel«). Über Aufenthalte Walsers in Biel und seine Beziehungen zu Frau Ackeret in jenen Jahren ist nichts Genaues bekannt; Frau Ackeret, die Frau eines Postbeamten, begründete jedoch schon damals eine Art Kunstsalon, zog Maler und Schriftsteller in ihr Haus und bemühte sich wohl auch schon um den jungen Robert Walser freundschaftlich. – Die Vermischung beider Zeiten, zwischen denen mehr als ein Jahrzehnt der Abwesenheit mit ganz anderen Erlebnissen und Erfahrungen lag, wäre hier besonders bemerkenswert: Walser geht es um Lebenszustände, die zeitlos sind wie die Erscheinung der romantischen »Waldfrau« Marie.

S. 73 *Aus Tobolds Leben:* Im Herbst des Jahres 1905 nahm Walser, nach vorausgegangenem Besuch einer Dienerschule in Berlin, für einige Monate eine Stellung als Diener auf dem oberschlesischen Schloß Dambrau ein und verwirklichte damit eine alte Wunschidee, in der sich offenbar romantische Phantasie und sozialkritisches Denken, Lust an der Verkleidung und ein inneres Bedürfnis nach Unterwerfung verbanden. Dieses Exerzitium – seine Bekannten in den Berliner Literaten- und Künstlerkreisen nannten es vielleicht einen ausgefallenen Streich – bildet den biographischen Hintergrund des vorliegenden Prosastücks wie auch der vermutlich später entstandenen, ebenfalls in bestimmter Weise stilisierten, aber aufschlußreicheren Erzählung »Tobold« in »Kleine

Prosa« (RW, »Das Gesamtwerk«, Band II). Der »Tobold«-Maske begegnen wir außer in diesen auch noch in weiteren Prosastücken und in einem Versstück in der Sammlung »Kleine Dichtungen«, immer mit den Attributen der Weltfreude, des innerlichen Glücks und der vagantenhaften Unbeschwertheit. Sie ist die positivste unter den vergleichbaren Figurationen Walsers, in denen er die Möglichkeiten seiner Existenz entwirft. (Ein Roman »Tobold«, 1919 abgeschlossen, ist verloren.) – Das folgende Prosastück *Erinnerung an »Hoffmanns Erzählungen«* gibt eine Erinnerung wieder, die sich zeitlich offenbar nahe an das vorhergehende anschließt; Januar 1906 begann Walser in Berlin seine Laufbahn als freier Schriftsteller. Zu Karl Walsers Ausstattung von »Hoffmanns Erzählungen« vgl. eine bei Robert Mächler, »Das Leben Robert Walsers«, suhrkamp taschenbuch 321, S. 87–88, wiedergegebene Anekdote.

S. 82, 84, 86 *Der neue Roman, Das Talent, Frau Wilke:* Alle drei Stücke haben in der späteren Berliner Zeit Robert Walsers, als er die Hoffnung der Verleger auf weitere Romane enttäuschte und schließlich in eine tiefe Krise geriet, ihren biographischen Hintergrund. »Frau Wilke« steht dabei in zeitlichem Zusammenhang mit »Frau Scheer« (RW, »Das Gesamtwerk«, Band VI, S. 295), wo die unmittelbar folgenden letzten Monate seines Aufenthaltes in Deutschland im Jahre 1912 geschildert sind.

S. 92 *Das Zimmerstück:* 4. Absatz »um der tausend Gottes willen«: Übersetzung eines typisch berndeutschen Mundartausdrucks (»um dr tusig Gottswille«).

S. 97 *Der Arbeiter:* Das erste der eingelegten Prosastücke ist eine Variante zu »Phantasieren« (RW, »Das Gesamtwerk«, Band VI, S. 167), das zweite eine Variante zu »Notizen–IV« (RW, »Das Gesamtwerk«, Band VI, S. 379). Welche Fassung jeweils die ältere und welche die jüngere ist, läßt sich schwer bestimmen. Einiges spricht dafür, hier in diesen Einlagen die Erstfassungen zu sehen.

S. 105 *Poetenleben:* Ein stilisierter Lebenslauf Walsers – zu der (unvollständigen) Aufzählung seiner Anstellungen in den Jugendjahren 1896–1903 vgl. die Biographie Robert Mächlers, wo sie zum Teil mit Zeit und Ort belegt sind.

Zeittafel

1878	Robert Otto Walser am 15. April in Biel geboren.
1884-1892	Besuch der dortigen Volksschule und des Progymnasiums.
1892-1895	Lehre bei der Bernischen Kantonalbank in Biel.
1894	22. Oktober: Tod der Mutter.
1895	April bis August in Basel, anschließend für ein Jahr in Stuttgart, wo damals auch sein Bruder Karl lebte. Vergebliche Versuche, Schauspieler zu werden.
1896	Rückkehr in die Schweiz. Anmeldung am 30. September in Zürich, wo er, abgesehen von kürzeren anderweitigen Aufenthalten, in den folgenden zehn Jahren lebt. Häufiger Stellen- und Adressenwechsel.
1897	Ende November: Reise nach Berlin.
1898	8. Mai: Erste Veröffentlichung (eine Auswahl Gedichte) durch Josef Viktor Widmann im »Sonntagsblatt des Bund« in Bern. Hierdurch Bekanntschaft mit Franz Blei.
1899	Frühjahr in Thun. Mai bis Mitte Oktober vermutlich erster, nicht belegter Aufenthalt in München, wo ihn Franz Blei in den Dichter- und Künstlerkreis der Zeitschrift »Die Insel« eingeführt haben dürfte.
1900	Oktober 1899 bis April 1900 in Solothurn.
1901	September in München. Wanderung nach Würzburg, wo er Max Dauthendey besucht.
1902	Januar in Berlin, Februar bis April bei seiner Schwester Lisa in Täuffelen am Bielersee, anschließend wieder in Zürich.
1903	März in Winterthur, 15. Mai bis 30. Juni Rekrutenschule in Bern, Ende Juli bis Dezember »Gehülfe« des Ingenieurs Dubler in Wädenswil am Zürichsee.
1904	Ab Januar wieder in Zürich, Angestellter der Zürcher Kantonalbank. November erster Militär-Wiederholungskurs in Bern. Ende November erscheint im Insel-Verlag Leipzig sein erstes Buch, »Fritz Kocher's Aufsätze«.
1905	Im März Übersiedlung nach Berlin, wohnt bei seinem Bruder Karl. Juni kurzer Aufenthalt in Zürich. Oktober bis Ende 1905 Diener auf Schloß Dambrau in Oberschlesien.
1906	Anfang Januar Rückkehr nach Berlin. Niederschrift des Romans »Geschwister Tanner« (erscheint im Frühjahr 1907 bei Bruno Cassirer). Sommer/Herbst Niederschrift eines zweiten, nicht erhaltenen Romans.
1907	Januar: Weitere Roman-Pläne, von deren Ausführung

nichts überliefert ist. Juni/Juli: Abschluß des Manuskripts »Der Gehülfe« (erscheint im Frühling 1908 bei Bruno Cassirer). Bezug einer eigenen Wohnung oder eines Zimmers.

1908 Entstehung des Romans »Jakob von Gunten« (erscheint im Frühling 1909 bei Bruno Cassirer). Juni/Juli: Ballonfahrt von Berlin nach Königsberg mit dem Kunsthändler und Verleger Paul Cassirer.

1909 Bibliophile Ausgabe der »Gedichte« mit Radierungen von Karl Walser bei Bruno Cassirer.

Aus der Zeit von 1909 bis November 1912 sind nicht nur keine Briefe erhalten, sondern es fehlen auch sonstige Hinweise auf seine damaligen Lebensumstände. Bekannt ist nur, daß er nach der Heirat seines Bruders Karl 1910 wieder bei ihm wohnte.

1912 November: Wohnt in einer eigenen Wohnung oder einem Zimmer in Charlottenburg, Spandauerberg 1. Vorbereitung der Prosabände »Aufsätze« (erscheint im Frühling 1913 bei Kurt Wolff in Leipzig) und »Geschichten« (erscheint 1914 ebenfalls bei Kurt Wolff).

1913 März: Rückkehr in die Schweiz. Wohnt zunächst bei seiner Schwester Lisa in Bellelay, dann kurz bei seinem Vater im Hause Akeret in Biel. Bezieht im Juli eine Mansarde im Hotel Blaues Kreuz in Biel, wo er während der nächsten sieben Jahre bleiben wird. Beginn der Freundschaft mit Frieda Mermet.

1914 9. Februar: Tod des Vaters.

Frühling: Vorbereitung des Prosabandes »Kleine Dichtungen«, für den Walser im Sommer einen Preis des »Frauenbundes zur Ehrung rheinländischer Dichter« erhält. Die erste Auflage, »hergestellt für den Frauenbund . . .«, wird im Herbst 1914 gedruckt, die zweite erscheint 1915 bei Kurt Wolff in Leipzig.

Kriegsausbruch. 5. August bis 4. September: (1.) Militärdienst in Erlach; 21. September bis 13. Oktober: (2.) Militärdienst in St. Maurice.

1915 Anfang Januar: Kurze Reise nach Leipzig und Berlin.

25. Januar: Gebrüder-Walser-Abend des Lesezirkels Hottingen in Zürich.

6. April bis 13. Mai: (3.) Militärdienst in Cudrefin (Jura); 6. Oktober bis 3. Dezember: (4.) Militärdienst in Wisen.

1916 Sommer: Anfragen der Verlage Huber und Rascher wegen eventueller Veröffentlichungen. September: Manuskript »Der Spaziergang« abgeschlossen (erscheint April 1917 bei Huber & Co. in Frauenfeld). Oktober: Zusammenstellung des Bandes »Prosastücke« (erscheint Ende November 1916 mit Druckvermerk »1917« bei Rascher in Zürich).

17. November: Tod des Bruders Ernst in der Heilanstalt Waldau bei Bern.

1917 Frühjahr: Zusammenstellung der Sammlungen »Kleine Prosa« (erscheint im April bei A. Francke in Bern) und »Studien und Novellen« (in dieser Form nicht erschienen).

Mai: Abschluß des Manuskripts »Poetenleben« (erscheint November 1917 mit Druckvermerk »1918« bei Huber & Co. in Frauenfeld).

16. Juli bis 8. September: (5.) Militärdienst im Tessin.

1918 Januar: Abschluß des Manuskripts »Seeland« (erscheint mit Druckvermerk »1919« erst 1920 bei Rascher in Zürich). 18. Februar bis 16. März: (6.) Militärdienst in Courroux. Mai: Abschluß des Manuskripts für den nicht erschienenen Prosaband »Kammermusik«.

Winter: Arbeit an dem Roman »Tobold«.

1919 März: Fertigstellung des Manuskripts »Tobold«.

Eine zweite Auflage der »Gedichte« und der Band »Komödie« erscheinen bei Bruno Cassirer in Berlin.

1. Mai: Tod des Bruders Hermann.

November/Dezember: Zusammenstellung einer kleinen, nicht erschienenen Prosasammlung »Mäuschen« (vermutlich identisch mit der in der gleichen Zeit brieflich erwähnten, ebenfalls nicht erschienenen Sammlung »Liebe kleine Schwalbe«).

1920 8. November: Leseabend im Kleinen Tonhallesaal in Zürich.

1921 Januar: Übersiedlung nach Bern. Während einiger Monate zweiter Bibliothekar des Berner Staatsarchivs.

Arbeit am Roman »Theodor«, der im November abgeschlossen wird.

1922 8. März: Vorlesung aus dem Roman »Theodor« im Lesezirkel Hottingen in Zürich, anschließend für acht Tage Gast beim Maler Ernst Morgenthaler in Wollishofen.

1923 Juni: Spitalaufenthalt wegen Ischias.

Herbst: Wanderung nach Genf.

1924 Winter 1924/1925: Arbeit an den »Felix«-Szenen.

1925 Februar: das letzte Buch, »Die Rose«, erscheint bei E. Rowohlt in Berlin.

Zusammenstellung eines nicht erschienenen Prosabandes und Arbeit am »Räuber«-Roman.

Anfang September: Ferienaufenthalt mit Frau Mermet in Murten.

Oktober: Beginn der Korrespondenz mit Therese Breitbach.

1928 15. April: 50. Geburtstag des Dichters.

1929 25. Januar: Eintritt in die Heilanstalt Waldau, Bern.

1933 Juni: Verbringung nach Herisau, in die dortige Heil- und Pflegeanstalt seines Heimatkantons Appenzell-Außerrhoden, wo er bis zum Lebensende bleibt. Keine schriftstellerische Arbeit mehr.

Neuauflage der »Geschwister Tanner« bei Rascher in Zürich.

1936 Carl Seelig besucht erstmals den Dichter in Herisau. Beginn gemeinsamer Wanderungen und Gespräche.

Neuausgabe »Der Gehülfe« im Verlag der Bücherfreunde, St. Gallen.

1937 Auswahl »Große kleine Welt«, herausgegeben von Carl Seelig.

1943 28. September: Tod des Bruders Karl.

1944 7. Januar: Tod der Schwester Lisa.

Carl Seelig übernimmt die Vormundschaft. Von ihm besorgte Auswahlbände und Neuausgaben: »Vom Glück des Unglücks und der Armut«, »Stille Freuden«, »Der Spaziergang« und »Gedichte«.

1947 Auswahl »Dichterbildnisse« und die erste Biographie des Dichters: Otto Zinniker, »Robert Walser der Poet«.

1950 Neuausgabe »Jakob von Gunten«.

1953 Beginn der von Carl Seelig herausgegebenen »Dichtungen in Prosa«.

1956 Tod Robert Walsers am Weihnachtstag (25. Dezember) auf einem einsamen Spaziergang.

1966 Erste zwei Bände des von Jochen Greven herausgegebenen dreizehnbändigen Gesamtwerks (letzter Band 1975).

1973 Gründung des von der Carl Seelig-Stiftung (Dr. E. Fröhlich) getragenen Robert Walser-Archivs in Zürich.

Robert Walser im Suhrkamp und Insel Verlag

Der Gehülfe. Roman. *Bibliothek Suhrkamp* Band 490

Geschwister Tanner. Roman. *Bibliothek Suhrkamp* Band 450

Jakob von Gunten. Ein Tagebuch. *Bibliothek Suhrkamp* Band 515

Prosa. Auswahl und Einleitung von Walter Höllerer. *Bibliothek Suhrkamp* Band 57

Der Räuber. Roman. Aus dem Nachlaß herausgegeben von Jochen Greven unter Mitarbeit und mit einem Nachwort von Martin Jürgens. *suhrkamp taschenbuch* Band 320

Fritz Kochers Aufsätze. Mit Illustrationen von Karl Walser. Nachwort Jochen Greven. *insel taschenbuch* Band 63

Robert Mächler. Das Leben Robert Walsers. Eine dokumentarische Biographie. *suhrkamp taschenbuch* Band 321

Carl Seelig. Wanderungen mit Robert Walser. *Bibliothek Suhrkamp* Band 532

Robert Walser
Sein Werk im Verlag Helmut Kossodo

Band 1	Fritz Kochers Aufsätze · Geschichten · Aufsätze
Band 2	Kleine Dichtungen · Prosastücke · Kleine Prosa
Band 3	Poetenleben · Seeland · Die Rose
Band 4	Geschwister Tanner · Jakob von Gunten
Band 5	Der Gehülfe
Band 6	Phantasieren · Prosa aus der Berliner und Bieler Zeit
Band 7	Festzug · Prosa aus der Bieler und Berner Zeit
Band 8	Olympia · Prosa aus der Berner Zeit I
Band 9	Maskerade · Prosa aus der Berner Zeit II
Band 10	Der Europäer · Prosa aus der Berner Zeit III
Band 11	Gedichte und Dramolette
Band 12 · 1	Entwürfe · Verschiedene Schriften
Band 12 · 2	Briefe

Alle Bände in Ganzleinen

Robert Mächler. Das Leben Robert Walsers. Eine dokumentarische Biographie. Illustriert. Leinen

Alphabetisches Gesamtverzeichnis der suhrkamp taschenbücher